다이어트, 배달 음식, 트위터

일러두기

'트위터'는 2023년 7월부터 '엑스'로 이름이 바뀌었으나 이 책에서는 더 널리 통용되는 '트위터'로 표기했다.

다이어트, 배달 음식, 트위터

내 삶을 지배하는 걸티 플레저

박미소 지음

낮은산

프롤로그 6

다이어트
한없이 투명에 가까운 몸 22 / 권능과 혐오 사이 33 / 외모는 중요치 않아, 그런데 너 참 예쁘다 43 / 다시 다이어트 클리닉으로 57 / 연애와 다이어트의 기묘한 함수관계 68 / 내 인생을 지배하는 '길티 플레저' 79

배달 음식
내 손안의 쾌락과 나락 90 / 단절과 중독의 상관관계 97 / 혀는 자본의 인질 106 / 가까울수록 치명적인, 쉬울수록 유독한 115 / 허기를 껴안다 122

트위터
뜨거운 것이 좋아 138 / 우물 안 트위터 148 / 그곳에 사람이 있다 157 / 도망친 곳에 낙원은 없다 165 / 파랑새는 까마귀 172 / 이제 그만두려 해 187 / 이유 있는 집착 196

에필로그 213

프롤로그

거실 테이블 위 노트북에 텅 빈 문서 창만을 열어 놓은 채
나는 한 시간 반 동안 노려보고 있다. 밖에는 여름의 흔적
을 씻어 내려는 비가 퍼붓다가 잠시 숨을 골랐다가, 또 다
시 퍼붓기를 반복하고 있다. 에어컨 실외기에 굵은 빗방울
이 부딪쳐 내는 '통통' 소리가 신경을 긁는다. 쏟아지는 빗
물의 양이 시간의 무게라도 되는 듯 내 가슴을 짓누른다.
나는 몇 시간이나 아무것도 하지 못한 스스로를 자책하느
라 팔꿈치로 테이블에 기댄 채 두 손으로 머리를 쥐어뜯
었다.

그러다 한순간, 저항할 수 없을 정도로 센 힘이 나를 일
으켜 세우더니 냉장고로 이끌었다. 공허하게 흘러가는 이
시간을, 내 안을 꽉 채운 좌절감을 다른 감각이나 느낌으
로 대체하고 싶다는 열망이 강한 충동을 불러일으킨 것
이다. 냉장고 문을 열자 반쯤 남은 케이크가 보인다. 엊그
제 우즈베키스탄 식당이 즐비한 동대문 골목 어느 가게에
서 사 온 러시아식 꿀 케이크다. 나는 그것을 꺼내 들고 서

람에서 포크를 꺼내 싱크대 앞에 선 채로 황급히 한 입 떠서 먹었다. 겹겹으로 쌓인 빵과 빵 사이에 발린 크림은 냉장고 속에 있느라 차갑게 굳어 있다가 입에 들어가자마자 부드럽게 녹아내렸다. 꿀의 풍미와 진한 단맛이 입 안에 확 퍼졌다. 첫 한 입이 입 안에서 녹아 사라지는 몇 초간 뇌 속에 빨간 불이 들어오는 것처럼 강렬한 쾌감이 점화된다. 방금 느끼던 불안과 초조함은 누그러지고 속을 훈훈하게 덥히는 안도감이 퍼져 나간다. 아늑하다 못해 절대적인 힘으로 보호받는 듯한 느낌이다. 나는 서둘러 한 입 더, 한 입 더 먹어 치우기 시작했다.

하지만 포크질을 반복할수록, 크림과 빵이 한데 뒤섞이며 내는 달고 고소하고 농밀한 맛에 혀가 익숙해질수록, 점심으로 야채수프만 먹는 바람에 헛헛하던 배 속이 탄수화물과 당분으로 채워질수록 첫 한 입의 강렬한 쾌감은 점점 희미해지더니 결국 무감각해지고 만다. 마지막 한 입을 먹고 포크를 내려놓는 순간 최면에서 깬 것처럼 정신이 번뜩 들면서 며칠 전 다짐했던 다이어트 결심과 아침에 체중계에서 본 숫자 같은 것들이 떠오른다. 앞선 쾌감에 대한 청구서를 받은 것처럼 후회나 죄책감 같은 감정들을 지불해야 하는 순간이 온 것이다.

돌아보면 이상한 일이다. 겨우 그 한 조각의 케이크가 뭐 그리 잘못이라는 말인가. 앉은 자리에서 케이크 한 통을 다 퍼먹은 것도 아닌데. 언젠가부터 고작 한 그릇의 기쁨과 쾌감조차 결코 온전하게 누릴 수 없게 됐다는 생각이 든다. 항상 죄책감이 짝을 이루어 한 발짝 뒤에 슬그머니 따라붙는다. 게다가 곧 다가올 후회를 알고 있으면서도 끝내 저지르고 말아 부정적 감정을 배가시키고 마는 것이다. 냉장고를 향해 분연히 떨치고 일어서던 순간, 나는 꼭 두각시가 된 것처럼 의지가 희미해진 채 내 것이 아닌 것 같은 욕망에 휩쓸려 움직이고 있었지만, 분명 먹고 나서 또 죄책감에 시달릴 것을 알고 있었다. 단지 충동의 힘이 더 강해서 스스로를 통제할 수 없었을 뿐이다.

그리고 이런 끌림과 행동과 후회의 연쇄 반응은 하루에도 몇 번이나 되풀이된다. 즐거움을 예고하는 것들은 너무 많고, 우리는 이런 것들에 밀착 포위된 채 살아가고 있으니까. 손만 뻗으면 닿을 곳에 놓인 간식, 인스타그램에 접속할 때마다 눈을 사로잡는 옷과 화장품 광고, 웹툰 앱의 푸시 알람, 유튜브나 틱톡의 숏폼 영상. 이런 것들이 불러일으키는 충동과 싸우다가 결국 크고 작은 패배를 겪는 일이 숨 쉬듯 반복된다. 매번 지는 싸움을 싸움이라 표현할 수 있을지 모르겠지만.

케이크 접시를 싱크대에 내려놓으며 새삼스러운 의문 한 가지를 떠올렸다. 오늘날의 즐거움에는 왜 대개 죄책감이 동반되는 걸까? 무엇보다 실제로 그 활동이 어느 정도 해롭기 때문일 것이다. 그 해로움은 대부분 과용에서 비롯된다. 나를 기분 좋게 해 주는 활동, 음식 섭취나 영상 시청, 쇼핑 등을 해로울 정도로 과하게 해 버리는 것이다. 기술 발달의 은총으로 막대한 생산력을 확보한 인류는 잉여 자원이 넘쳐나는 시대를 맞이했고, 팔아 치우는 것만이 사명인 기업들은 제품의 매력은 강화하고 가격은 낮추는 식으로 우리에게 맹렬히 유혹을 가해 온다.

이에 떠밀려 우리의 소비와 섭식은 필요만을 충족할 적정량을 아득히 넘어 쾌감을 극대화하기 위한 양까지 수직 상승한다. 쾌락을 위한 소비는 적정 한도가 없다. 처음 한 입 먹었을 때, 처음 그것을 가졌을 때의 완벽한 만족감을 또 얻기 위해 조금만 더, 하나만 더 원한다. 그래서 쾌감이 쾌감으로 끝나지 못하고 기어이 죄책감에 이르게 되는 것이다.

사회와 미디어가 개인에게 양가적인 요구를 하고 있는 것이 더 문제일지도 모른다. 디저트를 마음껏 탐하라고 부추기며 맛집 정보를 실컷 소개하던 방송에서, 정작 그 케이크를 먹고 있는 사람은 저체중으로 생리 불순을 겪을 법한 깡마른 아이돌이다. 얼마 전 나는 SNS가 우리의 주의력을 얼마나 빼앗는지에 관해 치밀하게 탐구한 책을 발견했는데, 아이러니하게도 그런 책이 존재한다는 사실을 알게 된 건 SNS를 통해서였다. SNS에서 다양한 정보를 얻되, 주의력을 상실할 정도까지 과몰입하지는 말 것. 최신 유행 디저트 정도는 꿰뚫고 있어야 하나 살이 찔 정도로 먹지는 말 것. 이는 양가적 요구조차도 아니다. 현대사회는 개개인에게 다방면에서 다채로운 요구를 쏟아 내며 완벽해질 것을 주문하는데, 특정 요구에 충실한 행동은 불가피하게 다른 요구를 배반하기에 찜찜함이나 죄책감 같은 감정이 따라붙는다.

하필 '길티 플레저Guilty pleasure'에 대해 골똘히 생각에 잠긴 것은 내가 쾌감을 좇다가 죄책감에 몸부림치는 유형의 인간이라서다. 불과 몇 년 전 알코올중독의 수렁에서 엉금엉금 기어 다니다가 간신히 빠져나온 것에서 알 수 있듯, 나는 쾌락을 예고하는 것들의 유혹에 몹시도 약하다. 중독은 간신히 치유했지만 유혹에 약한 성정은 전

혀 변하지 않았기에 술독에서 빠져나온 뒤에도 다른 중독
거리 사이를 헤매고 다니는 파국적인 행보를 한동안 이어
갔다.

SNS 중독. 소파에 처박힌 상태로 꼼짝하지 않은 채 스
마트폰에 열어 둔 트위터 앱에 하루 종일 시선을 고정시
키고 흥미와 감정을 자극하는 텍스트들을 쉴 새 없이 읽
어 내려갔다. 배달 음식 중독. 집에 음식 재료가 잔뜩 쌓
여 있는데도 매 끼니 배달 음식을 시켜 먹는 바람에 다용
도실은 일회용 용기로 터져 나가고 냉장고는 썩은 재료로
가득 찼다. 그런 와중에도 다이어트에 대한 강박은 또 끔
찍하게 심해서 끼니를 거르고 굶다가 한밤중에 배달 음식
으로 폭식한 뒤 화장실에서 억지로 게워 내기까지 했다.

써 놓고 보니 새삼 한심해서 낯이 뜨겁지만 변명처럼
덧붙여 보자면, 빈도와 정도의 차이는 있을지언정 쾌감을
주는 대상에 강박적으로 집착하느라 스스로를 통제할 수

없다는 위기감은 현대인이라면 다들 일상적으로 겪고 있지 않은가. 남편은 새벽까지 무협 웹소설을 보느라 늦게 잠든 것을 후회하며 오늘 아침 간신히 일어났고, 친구는 유튜브 알고리즘 개미지옥에 빠져 새로 산 책을 펼쳐 보지도 못했다며 한탄했다. SNS에 흘러넘치는 사람들의 후회의 말 대부분도 바로 이런 종류의 것들이다.

"왜 참지 못했을까?"

알코올과 음식, SNS와 다이어트 같은 것들은 내게 즉각적인 쾌감을, 권태와 불안의 소거를, '더 나은 나'를 가져다줬기 때문에 그것들을 떠올릴 때마다 어김없이 동기가 부여되고, 갈망이 발동되고, 끝내 행동으로 옮기고 말았다. 한 시간 넘게 망설이다가 결국 휴대폰을 켜서 배달음식을 주문하고, 지웠던 트위터 앱을 다시 다운받고, 다이어트에 좋다는 크라이오테라피(영하 100도의 극저온에

신체를 노출시켜 신진대사를 활성화하는 냉각요법) 프로
그램 가격을 검색하는 것이다. 결국 텅 빈 배달 음식 용기
를 앞에 두고 후회로 점철되어 멍한 정신으로 앉아 있거
나, 하루에 트위터를 다섯 시간이나 들여다봤다는 휴대폰
기록을 확인하고 쥐구멍에라도 숨고 싶어질 때면 생각했
다. '아니, 진짜 뭐가 문제인데?'

언젠가부터 나라는 인간의 머릿속에서 어떤 생각과 심
리와 감정들이 뒤섞여서 이처럼 견고한 욕구를 형성한 것
인지 골몰하기 시작했다. 내 충동을 이해하고 싶었다. 왜
내가 나를 통제할 수 없는지에 대한 답을 얻고 싶었다. 극
복해 보겠다는 계산보다는 '악에 받친' 호기심에 더 가까웠
다. 그런데 얽히고설킨 욕구의 타래를 들여다보고 갈래를
붙잡아 더듬어 올라가자 장막 뒤에서 그걸 추동한 다른 주
체들이 계속 나타났다. 내 관심과 돈을 요구하는 기업이라
든가, 구조적 문제를 품고 부당한 압력을 행사하는 이 사회

라든가, 저항할 수 없는 인간의 본능 그 자체라든가.

배달 앱이 검색에서 주문, 결제에 이르기까지 이토록 매끄럽고 편리하게 설계되지 않았다면 내가 매일같이 주문해 먹을 엄두를 냈을까? 트위터가 내 트윗에 대한 다른 사람의 반응을 일일이 숫자로 보여 주고, 슬롯머신 당기듯 타임라인을 갱신하는 등 사용자 경험을 이토록 중독적으로 만들지 않았다면 내가 다섯 시간씩이나 눈을 고정할 수 있었을까? 그들의 유혹과 압력의 행사는 제한이 없고, 효율성과 편의성을 개선해 유혹의 강도를 높일수록 오히려 상찬받는다. 힘의 균형이 무너진 상태에서 우리가 '저항할 수 없다'고 느끼는 건 당연했다. 알아서 인내심을 발휘해 절제하라는 말은 무책임하다 못해 가혹하다.

유혹에 약한 상습 중독자의 핑계나 자기합리화로 보이려나? 하지만 이런 '불가항력적'인 상황을 촘촘하게 인지함으로써 나는 모종의 효과를 누렸다. 내 안의 문제에서 시선을 돌려 나를 둘러싼 사회와 문화가 품은 병폐적 요인을 직시함으로써, 진짜 원인을 좀 더 정확하고 명료하게 파악해 실행 가능하면서도 효과적인 해법을 찾을 수 있다. 이런 과정 없이 내 행동만 교정하는 것은 증상만 완화하는 대증요법에 불과하다. 사회적 책임을 물음으로써 핑계에 안주하려는 것이 아니다. 합리적이고 논리적인 문제 해결 방식일 뿐이다.

언젠가 '도망치는 것은 부끄럽지만 도움이 된다'는 일본 드라마 제목을 보자마자 머릿속에 '변명하는 것은 부끄럽지만 도움이 된다'는 문장이 떠올랐다. 사회적, 환경적, 생물학적 요인들로 인해 각종 유혹에 무너지는 것이 거의 불가피하다는 사실을 알게 되면서 나를 무너뜨리는 좌절감이나 이성을 피폐화시키는 자기혐오로부터 빠져나올 수 있었다. 자신에게 더 관대해지자 숨통이 트이며 부정적 감정이 감소했고, 오히려 이성적 판단이 가능해지면서 집착을 그만둘 방도를 궁리할 여유가 생겼다. 일부는 실행해 성공하기도 했다. 감정에만 매몰되면 자책의 무게만 더할 뿐이지만, 현상의 배경에 대해 골몰하는 것은 상황을 더 객관적으로 보게 만들어 준다. 여러분은 지금 상습 중독자의 자가 치료법에 대해 읽고 있다.

각자가 가진 '길티 플레저'에 대해 '길티(죄책감)'를 느끼는 것은 이것이 실제로 유독하다는 걸 우리가 알기 때문이다. 그러나 막연한 죄책감에 짓눌릴 뿐, 내가 반복한 행동이 초래한 나쁜 결과가 정확히 무엇인지 헤아려 보지는 않는다. 나는 이것들이 나를 어떻게 바꿔 가고 있는지에 대해 거듭 생각해 봤다. 다이어트 강박 때문에 내 몸에 대한 인지에 왜곡이 생긴다든가, SNS에서 나와 비슷한 사람들만 팔로우하면서 '필터 버블'을 조성하고 훨씬 더 편협한 사람이 되고 있다든가. 부모가 아이에게 나쁜 행동은 왜 하면 안 되는지를 가르치듯 스스로를 설득할 근거를 찾아 놓는 거다. 그럼 내가 또 집착을 발동하려고 할 때 '셀프 경고'를 날리면서 제지할 수 있다. 꽤 효과가 있었다.

쾌감을 주는 것들에 대한 집착과 그로 인한 위기감은 보통은 나 자신만이 감지할 수 있는 것으로 내밀한 수치심의 영역에 속한다. 누군가와 터놓고 이야기할 주제는 못 되는 것이다. 은폐되어 해결이 난망한 채로 머무르기 마련인 주제들에 대해, 그래서 나는 썼다. 읽는 사람들도 이걸 보며 각자의 불온한 기쁨에 대한 집착을 떠올리길 바라면서 말이다. 내 길티 플레저에 대한 변명과 해설과 탐구가 각자의 죄책감을 온전히 씻어 주기란 불가능하겠지만 납득의 실마리 정도는 제공할 수 있을 것이다. 거기서 모든 것은 출발한다.

내가 쓴 글은 병증으로부터 치유된 극복 서사도 아니고, 과학에 기반해 현대인의 탐닉을 심리학적, 생물학적으로 짚어 본 내용도 아니다. 그저 허우적대기만 하던 사람이 문득 정신을 붙잡고 무슨 일이 일어났는지 알아채 가는 이야기일 뿐이다. 내 몇몇 길티 플레저에 대해 촘촘히 돌아보는 과정을 통해 그 집착들이 오롯이 내게서 솟아난 병증이 아니라 내가 사는 사회라는 맥락 속에서 파생되어 전해진 것임을 알 수 있었다. 완벽하게 개인으로부터 연유해 개인의 영역 안에만 머무르는 문제는 존재할 수 없다. 그걸 알아챔으로 나는 나조차 어찌할 수 없던 나를 이해하고 용서했다. 심지어 타인에게까지 좀 더 관대한 시선을 보낼 수 있었다. 우리는 같은 사회에 몸담고 살며 비슷한 모양의 집착을 서로 반복하고 있으니까.

다만 욕구와 충동에 끝없이 지는 나의 이야기가 누군가에게는 얼마간의 용기로 되돌아갔으면 하는 마음이다. 나의 고군분투는 대단히 영웅적이거나 감격스러운 승리가 예정된 게 아니라 수치스럽고 하찮아서 어디다 말할 수도 없는 혼자만의 격전이지만, 사실 우리 모두 내면에 각자의 전쟁터를 품고 살아가고 있다.

다이어트

한없이 투명에 가까운 몸

2002년 2월의 어느 날, 대학 입학을 위해 서울로 올라온 나는 기숙사로 가기 전 먼저 동대문 시장에 들러 앞으로 쓸 이불 한 채를 샀다. 촌스러운 연녹색 이불을 비닐봉지에 쑤셔 넣고 등에 멘 채 낑낑대며 동대문운동장 지하철역으로 내려가 개찰구로 발걸음을 옮기려는 순간, 나는 입이 떡 벌어지고 말았다. 지하철 노선 여러 개가 교차하는 환승역이라 그런지 어마어마한 인파가 그 넓은 역사 공간에 북적이고 있었기 때문이다. 부산의 지하철에서는 한 번도 보지 못한 혼잡한 풍경에 나는 얼이 빠지고 말았다.

그런데 멍하니 사람들의 물결을 지켜보다가 문득 어떤 위화감을 느꼈다. 인파 속에 뒤섞인 젊은 여성들, 쇼핑을 위해 동대문 시장에 온 그녀들은 하나같이 날씬하고 호리호리한 몸매였다.

'뚱뚱한 여자가 없다!'

나는 부산 서면이나 남포동 유흥가의 풍경을 떠올려 봤다. 거리를 가득 채운 여자들 중에는 물론 날씬한 사람도 있지만 조금 더 통통한 사람도, 한눈에 비만인 사람도 적잖이 섞여 있었다. 날씬한 여자가 이렇게나 절대다수인 풍경을 나는 일찍이 부산에서는 본 적이 없었다.

서울의 겨울 날씨는 오리털 파카가 필요할 정도로 매섭다던가, 서울 사람들은 온통 폴로 브랜드에서 산 면바지와 셔츠만 입는다던가 따위의 이야기는 들었지만 몸매조차 다를 거라는 건 상상도 못 했다. '과연 서울은 다르다'며 고개를 주억거리던 그 순간, 나는 반사적으로 고개를 숙여 내 몸을 훑어봤다. 고3 내내 앉아서 공부만 하던 생활이 그대로 드러나는 통통한 몸, 젖살이 빠지지 않은 둥글둥글한 얼굴. 저 날씬한 몸매로 활보하는 사람들과 비교하자 낯이 뜨거워졌다. 몇 주 후 부산에 내려가 서울 여자들이 얼마나 날씬한지 여동생에게 장황하게 묘사해 주면서 머릿속으로 난생처음 다이어트를 결심했다. 그 결심을 향후 20년 동안 되풀이할 줄도 모르고.

그때 나는 160cm의 키에 56kg, 말랐다기에는 살집이 꽤 있고, 뚱뚱하다기에는 정상 체중인, 그야말로 평범한 몸이었다. 팔다리는 가는 편이지만 배와 허리에 살이 집중된 전형적인 복부비만형. 타고 나길 근육질 체형에다 뼈는 용가리 통뼈처럼 굵고 몸판도 두꺼워 건장해 보이는 게 콤플렉스였다. 딱 한 번만이라도 하늘하늘 가느다란 몸매가 되고 싶은 게 대학 시절 나의 간절한 소원이었다.

하지만 가난한 학생 신분에 없는 돈을 끌어 모아 헬스클럽을 다니고 선식 같은 대체식으로 하루 한 끼를 먹어대며 난리를 쳐도 이 지긋지긋한 살은 빠질 줄을 몰랐다. 천신만고 끝에 체중계의 소수점 숫자나마 줄었다 한들 잠깐 방심하고 관리를 소홀하면 금세 원래 무게로 원상 복구되어 버리곤 했다. 인력이나 중력처럼 체중계의 숫자를 56에다가 고정시키는 강력한 우주의 힘이 내 몸에 작용하는 것 같았다.

결국 단 한 번도 날씬한 몸이 되어 보지 못한 채 대학을 졸업하고 사회인이 됐다. 나이가 들수록 몸집은 점점 더 불어만 갔다. 기자로 취직한 후 매일 밤 이어진 술자리와 스트레스 해소용 야식 때문이었을 거다. 샤워할 때 불룩 튀어나온 뱃살과 흘러내리는 듯한 옆구리 살을 잡으면 절로 한숨이 나왔다. 사무실에 앉아 있을 때는 남들 몰래 책상 아래에서 바지 허릿단 위로 걸쳐진 뱃살을 힘차게 주무르곤 했다. 마치 그렇게 하면 지방세포가 터지기라도 할 것처럼.

그래서 스물네 살 내 생일이 다가오자 자신에게 선물하는 셈 치고 다이어트 클리닉의 문을 두드렸다. 한 달 만에 5kg을, 석 달 만에 10kg을 감량했다는 후기들을 보자 눈이 돌아간 거다. 대체 뭘 하기에 그렇게 쉽게, 그렇게 빨리 살을 뺄 수 있다는 거지? 나도 마른 몸이 되어 볼 수 있을까?

처음 가 본 클리닉의 대기실에서 나는 두 가지에 놀랐다. 30분씩 대기를 해야 할 정도로 손님이 미어터진다는 것, 또 하나는 대기실의 손님 절반가량이 지극히 정상 범위의 몸무게라는 점이었다. 심지어 꽤 마른 체형의 여성도 어렵지 않게 찾아볼 수 있었다.

하지만 그건 나 역시 마찬가지 아니던가. 딱히 비만도 아닌 정상 체중. 말랐다고 하기에는 통통하고, 살쪘다고 하기에는 표준에 가까운 딱 그런 몸매. 하지만 몸에 있어 '평범한'이라는 수식어는 '날씬한'에 속하지 못하는, 불만스러운 회색 지대를 나타낼 따름이다. 나는 더 마르고 싶었다. 인터넷 쇼핑몰 모델처럼 몸매가 그대로 드러나는 골지 소재의 니트를 거리낌 없이 입어 보고 싶었고, 26 사이즈의 바지가 쑥 들어가는 순간의 희열을 느껴 보고 싶었다.

날씬한 몸은 상찬받고, 뚱뚱한 몸은 패배자 취급을 받는 세상. 나는 여자에게 이상적인 몸매를 강요하는 이 사회의 부당함을 욕하면서도 내심으론 마른 여성들이 나보다 우월하다는 느낌, 내가 열등하다는 생각에 시달렸다. 길을 걷다가도 날씬한 여자가 내가 입고 싶은 스타일의 옷을 입고 저만치 걸어가는 것을 보면 내 눈은 한참을 그 뒷모습을 쫓았다. 간절한 부러움의 감정이 지나고 나면 패배감이 뒤통수를 친다. 그녀의 날씬한 허리는 내 통짜 허리를 반사적으로 떠올리게 하니까.

누군가 내게 왜 그렇게 날씬한 몸을 선망하느냐고 묻는다면 나야말로 눈을 동그랗게 뜨고 되물을 것이다. "그게 안 부러울 수가 있나요?" 나라는 인간의 기질이 원래 남의 시선을 지나치게 의식하는 성격인 건지, 미디어를 통해 반복 노출된 '아름다운 몸에 대한 기준'이 내 뼛속까지 내재화된 건지 잘 모르겠다. 성장 과정에서 받은 압박 때문일까? 옷맵시에 신경을 많이 쓰던 엄마가 나를 데리고 옷 가게에 갈 때마다 직원에게 부끄러워하던 기억이 떠오른다. 하지만 거의 평생을 '날씬하지 않은 몸'으로 살아온 나로서는 우리나라 여성 중 마르지 않은 축에 속하는 사람 대부분이 어느 정도의 강박을 가지고 살아간다고 확신

한다.

결국 적지 않은 돈을 내고 클리닉에 간 건 '더 나은' 내가 되고 싶다는 은밀한 욕망의 발로였다. 마음 한구석에는 이렇게까지 해서 살을 빼야 하는지 은은한 죄책감과 체중에 집착하는 여자가 됐다는 수치심이 감돌았지만 다이어트에 대한 열망은 그걸 넘어설 만큼 크고 강했다.

내가 간 다이어트 클리닉은 전국에 17개 지점을 운영하는 국내 최대 비만 치료 '프랜차이즈 병원'이다. 외모 강박으로 인해 수많은 사람이 다이어트에 애를 태운다는 걸 생각해 보면 다이어트 병원이 전국 곳곳 롯데리아만큼 많이 개점한다 해도 그리 놀랄 일이 아니다.

클리닉 벽에 붙은 홍보물에는 그동안 고객들로부터 얼마만큼의 지방을 뽑아냈는지 대문짝만하게 적혀 있다. 흡입한 지방량으로 병원의 인기를 과시하다니 일견 그로테스크해 보이지만, 과거 모 성형외과가 수술로 깎아 낸 턱뼈를 모아서 탑처럼 쌓아 전시한 것에 비하면 이 정도쯤이야. 미용업계란 사람들로부터 깎아 내고 뽑아낸 몸의 일부가 많을수록 명성이 높아지는 법.

긴 대기 시간이 지나고 직원과의 상담 차례가 돌아왔다. 직원은 내 배 둘레를 재고 인보디 측정 결과를 확인하더니 염려스러운 목소리로 말했다.

"복부 지방이 비만 수준으로 많으시네요. 드라마틱한 효과를 빨리 보시려면 카복시와 메조테라피 시술을 동시에 받으시면 좋겠어요."

측은하게 내 몸을 훑는 직원의 눈빛에 잔뜩 위축되어 나는 그러겠다고 고개를 끄덕이고 신용카드를 내밀었다. 50만 원의 금액이 결제된 영수증이 되돌아왔다.

직원을 따라 들어선 시술실은 넓은 방 여기저기를 커튼으로 나눠 놓은 공간이었다. 기계들이 삑삑 돌아가는 소리가 났고, 어디선가 여자의 끙끙대는 신음 소리까지 들렸다. 커튼 안쪽에서는 마치 어느 영화에서 본 인체 병기 실험실 같은 풍경이 펼쳐지고 있을 것만 같았다. 바늘을 꽂고 이물질을 주입해 원래의 몸과는 다른 무언가로 만드는 으스스한 실험이 진행되는 건 아닐까.

간호사는 침대에 위생용 부직포 커버를 깔더니 누우라고 지시했다.

"카복시는 이산화탄소를 몸에 주입해서 지방세포를 파괴하는 시술이에요. 가스가 들어갈 때 뻐근하니 통증이 좀 있어요."

긴장해서 가슴 위로 맞잡은 손이 새하얘지도록 힘을 줬다. 간호사가 어디선가에서 커다란 기계를 끌고 오더니 내 옆에 앉았다. 알코올 솜으로 배를 싹 닦은 뒤 주삿바늘을 배에 푹 꽂았다. 잠시 후 배를 안쪽에서부터 꼬집는 듯한, 생전 처음 겪어 보는 종류의 통증이 배에서 느껴졌다.

"으윽……."

내가 앓는 소리를 흘리자 간호사는 가스가 들어가는 부위 주변을 손으로 탁탁 때려 고통을 분산시켜 줬다. 한 군데가 끝이 아니었다. 배 이곳저곳에 주사기를 꽂으며 10여 분간 고문을 계속하고서야 시술이 끝났다. 등에는 식은땀이 배어 있었다.

"원장님 진료 받으실게요."

통증으로 정신이 혼미한 상태로 간호사 뒤를 따라 진료실로 갔다. 좁은 진료실에는 차분한 인상의 여자 의사가 앉아 있었다. 의사는 컴퓨터로 내 기록을 확인하더니 물었다.

"목표 몸무게는 어떻게 되세요?"

나는 몇 킬로그램까지 감량해 보겠다는 목표를 세워 본 적이 한 번도 없었다. 그저 1~2kg을 줄이는 것조차 너무 힘들었으니까. 하지만 이 몸의 지방을 원하는 만큼 걷어 낼 수 있다면? 너는 몇 킬로그램이 되고 싶어?

　"50킬로그램…… 이요."

　나는 머뭇머뭇 대답했다. 의사는 그 정도는 일도 아니라는 듯 무심하게 고개를 끄덕이고는 차트에 적어 넣었다. 그리고 이러저러한 다이어트약을 처방해 주겠다며 부작용을 상세히 설명했다. 목마름, 심장의 두근거림, 불면증. 아프지도 않은데 약을 먹는다는 게 어떤 악영향으로 돌아올지 걱정되고 불안했지만 50kg까지 감량할 수 있다면 못 할 것도 없다. 마음을 다잡고 클리닉을 나왔다.
　약국에서 약을 받아 들고 봉투에 적힌 약의 정체를 꼼꼼하게 읽어 봤다. 푸링정이라는 식욕억제제, 감기약 몇 가지와 위장약. 인터넷에 검색해 보니 푸링정은 노르에피네프린과 도파민 분비를 촉진해 식욕을 감퇴하고 포만감을 높여 주는 데 도움을 준다고 한다. 감기약은 신진대사를 높이는 효과를 위해서다. 다이어트약의 부작용까지 검색해 보려다 그만뒀다. 어차피 먹을 약, 부작용을 알아 봐야 찝찝할 뿐이니까.

그다음 날 아침, 식욕을 없애 준다는 마법의 다이어트 알약을 삼키고 출근했다. 그로부터 두세 시간 후 처음 식사를 하던 그 순간을 나는 지금도 잊을 수가 없다. 회사 동료들과 함께 푸짐하게 차려진 전골 요리를 앞에 놓고 앉았는데 희한하게도 식욕이 하나도 돌지 않았다. 밥을 먹기 직전, 허기로 인해 군침이 돌고 음식으로 돌진하고 싶은 그 느낌이 싹 사라진 것이다. 내 뇌 속의 식욕을 관장하는 스위치를 누가 눌러서 꺼 버린 것처럼 이 먹음직한 음식이 먹을 수 없는 플라스틱 모형처럼 보였다. 평소에는 밥을 먹기 시작하면 배 속이 채워지는 포만감이 만족스러워 계속 계속 더 먹게 되었는데, 지금은 그 쾌감이 하나도 느껴지지 않았다. 마지못해 깨작거리며 밥을 먹었고 정확히 밥공기의 2분의 1만 먹고 숟가락을 놓았다.

약물의 효과로 '굶기'가 쉬워지면서 모든 게 바뀌었다. 식욕 없는 다이어트란 게임에서 치트키나 핵을 써서 엄청난 능력치를 발휘하는 것과 비슷하다. 먹는 양이 갈수록 더 극적으로 줄었다. 절반만 먹던 것이 3분의 1로, 4분의 1로 줄었다. 단 두 숟갈만 먹고 내려놓은 적도 있다. 오히려 그럴수록 나는 더 먹는 양에 집착했다. 밥알 수를 셀 기세로 섭취 음식 종류와 양을 꼼꼼히 기록해 칼로리를 매일 계산했다. 마치 나 자신을 쥐어짜 내 연비가 얼마까지 나오는지를 체크하는 것처럼.

극소량의 열량만을 섭취하다 보니 때로는 가벼운 현기증이 일었고 입에서는 단내가 풀풀 났다. 그런 반응조차 반가웠다. 축적된 잉여 지방을 몸이 연소하기 시작하는 느낌이었으니까. 내 몸은 줄어들고 또 줄어들었고, 얇아지다 못해 투명해지는 듯했다. 그것은 뜻밖에 조우한 '절식의 기쁨'이었다. 아주 소량의 음식만 섭취하거나, 그마저도 먹지 않고 굶어 내 몸을 한없이 비어 내고 정화하는 듯한 느낌. 종교에 귀의한 옛 성인들이 고문을 당하는 와중에 황홀경에 드는 것처럼, 극기의 경지에 이른 사람에게만 주어지는 희열이었다. 섭식을 절제할수록 내 욕망은 거세되고 자아는 더 고결해진 것만 같았다. 먹지 않을수록 내 내면이 남들보다 성숙하고 단단해지는 느낌이었다. 그만큼 내가 식탐을 게걸스럽고 추한 욕망으로 여기며 혐오해 왔던 거다. 몸이 날씬하게 변하기도 전부터 일어난 이런 내적 변화에 흡족했지만 그건 결코 내 온전한 절제의 힘이 아니었고 단지 약물이 작용한 결과였다.

권능과 혐오 사이

자학에 가까울 정도로 굶기를 감행하는 게 왜 그렇게나 기뻤을까? 그건 단지 살을 뺄 수 있다는 즐거움 때문만은 아니었다. 본능을 옥죄면 옥죌수록 내밀한 곳에서 샘솟는 황홀함. 외모 강박에서 일어나는 자기 억압의 쾌감에는 어딘가 어긋난 듯한 불온한 구석이 있었다.

　여성주의를 연구하는 학자들은 여성이 스스로 본능을 억누르고 고통을 기꺼이 환영하는 감각이 무엇에서 비롯됐는지를 관찰해 왔다. 페미니스트 철학자 윤지선은 《탈코르셋 선언》에서 우리 사회에 여성의 신체에 대한 금욕주의적 부정과 억압이 기저에 깔려 있다는 점을 지적한다.

　여성들이 불완전한 신체의 고통과 희생을 통해 '이상적 여성'이라는 불가능한 기표에 다가갈 수 있다는 믿음, 즉

여성 신체를 향한 일종의 금욕주의적 박해martyr의 환상을
가동시킵니다.

—— 윤지선, 윤김지영,

《탈코르셋 선언》,

사월의책, 2019

또 저자는 여성이 자기 신체 무게를 슬픔의 덩어리로
서 부정적으로 경험한다면서 "슬픔의 정동과 결합되어 있
는 자신의 신체를 억압하고 규제하고 관리하는 일이 오히
려 기쁨의 정동을 불러오게 되는 것"이라고 덧붙였다.

이상적인 몸을 만들어야 한다는 사회적 억압이 우리로
하여금 가학적인 방식으로 몸을 변형하는 고통을 감내하
게끔 한다. 신체에 대한 부정적인 인식은 본능보다 억압이
더 강하게 작용하게 만들고 자학마저 희열로 다가오게 만
든다. 우리가 알아채지도 못한 사이 무의식적으로.

각종 SNS에 뜨는 수많은 몸매 보정용 의류 광고를 보
면 그 옛날의 코르셋과 다를 바가 없다. 허벅지 두께를 감
쪽같이 절반으로 만들어 준다는 압박 스타킹을 신으면 다
리에 피는 통할까? 뱃살을 감춰 준다는 복대를 착용하면
숨은 쉴 수나 있을까? 광고 속 모델들은 그런 고통은 느끼
지 못하는 듯 그저 살을 감췄다는 기쁨의 환호성만 지르고

있다. 우리의 고통과 답답함은 어디로 사라진 걸까. 그것은 아름다운 육체와 맞바꾸어 소멸한 것이 아니다. 신체를 옥죄어 생활을 제한하고 때로는 몸과 정신에 영구적인 흔적을 남긴다. 나도 마찬가지였다. 단지 당시에는 몰랐을 뿐.

그때는 '자학의 기쁨'의 정체에 대해 아무런 고민도 반추도 없었고 그저 이참에 제대로 살을 빼 보겠다는 일념뿐이었다. 시청역에서 신촌까지 매일 4km를 걸어 다녔고 점심시간에는 밥을 굶고 회사 지하의 헬스클럽에서 미친 듯이 뛰었다. 1주일에 1kg씩 쑥쑥 빠졌고 허리둘레가 1~2cm씩 줄었다. 매일 아침, 잠에서 깨어나면 침대에 누운 채 납작해진 배와 골반 위 툭 튀어나온 장골을 만지작거리며 행복을 만끽했다. 씻기 전 체중계에 올라 하루가 다르게 줄어드는 숫자를 보는 게 뿌듯했다. 불과 한 달 만에 4kg을 감량하자 나는 망설임 없이 다음 달 시술 비용도 결제했다. 그렇게 3개월 만에 7kg을 감량해 꿈의 몸무게인 40kg대에 진입했다. 배에 수백 번 바늘을 찔러 넣고 아프지도 않은데 감기약까지 입에 털어 넣은 결과였다.

앞자리 숫자가 4로 시작하는 몸무게, 그건 내가 일찍이 이뤄 본 적 없는 눈부신 '성취'였다. 살아가는 동안 참으로 얻기 힘든, 가슴을 벅차오르게 만들고 삶의 보람을 일궈

내는 그것, 학생 시절 잠을 줄여 가며 죽을 등 살 등 안간 힘을 써서 겨우 성적을 올리거나, 사회인이 된 후 회사에서 드물게 성과를 내는 걸로 간신히 얻곤 하는 그것 말이다. 아니, 다이어트는 그런 것들보다도 더 값져 보였다. 설사 회사에서 업무를 잘 처리했다 하더라도 주변 사람들로부터 극찬을 받거나, 성과를 정량화해 인사 평가에 반영하고 급여가 오르는 일은 거의 없다. 삶은 보상이라는 단물이 없는 황량한 벌판이나 마찬가지다.

하지만 다이어트는 달랐다. 매일 굶기만 한다면, 용을 써서 운동만 한다면 눈으로 정확히 확인 가능한 숫자(체중)라는 결과물이 '짠' 하고 나타나는데, 심지어 그 성취는 양이 측정된 결과이기에 안심하고 떳떳하게 기뻐할 수 있었다. 영업사원이 실적에 따라 연봉이 오르는 것을 확인하듯, 학생이 시험 성적표에 기재된 등수가 점점 올라가는 것을 보듯 엄청난 승리감과 보람에 도취됐다. 그뿐인가. 체중 감량은 나만이 알고 있어서 어디다 자랑하기 쑥스러운 성취가 아니라 나를 아는 모든 사람이 한눈에 알아봐준다는 점에서 중독성이 있다.

체중을 5kg 정도 감량한 어느 날, 당시 내가 일하던 잡지의 창간기념일 행사가 있어 전 기자가 정장을 입고 행사에 참석해야 했다. 평소 유니폼처럼 입고 다니던 낙낙한 청바지와 셔츠를 벗고 몸에 딱 붙는 원피스를 입고 갔더니 선배들 입이 떡 벌어졌다.

"너 언제 이렇게 살이 빠졌어?"
"너무 예뻐졌다. 어떻게 한 거야?"
한껏 우쭐하고 의기양양해지는 기분을 감춘 채 말했다.
"먹는 거 줄이고, 물 많이 마시고, 매일 걸어 다니고⋯⋯ 그러니까 빠지던데요?"

나는 별거 아니라는 듯이 손사래를 쳤다. 이 달라진 외모를 가지기 위해 얼마나 용을 쓰는지, 매주 다이어트 클리닉에서 몇 번이나 주사를 맞는지, 입이 바싹 마르는 다이어트약의 부작용을 견디기 위해 하루 몇 리터씩 물을 마시는지는 태연히 감췄다.

세상의 수많은 요소가 외모 강박을 자극하지만 유독 내가 집착한 건 '옷'이었다. 무료할 때마다 들여다본 온라인 쇼핑몰에는 딱 붙는 옷을 멋지게 걸친 피팅 모델의 이미지가 난무했고 나는 의식하지도 못한 채 그녀들과 모니터에 비친 내 모습을 비교하고 있었다. 저렇게 입어 보고 싶다는 생각에 어울리지도, 맞지도 않을 게 분명한 옷을 고집스럽게 주문했지만 결국 허벅지까지도 들어가지 않는 바지를 끙끙대며 벗어 반품할 박스에 주섬주섬 집어넣고 씁쓸해하는 게 매번의 결말이었다.

S와 M, 단 두 개의 사이즈만이 존재하는 세상에서 M조차 들어가지 않는 몸이라니. 실격이다. 나는 낙오자다.

한때 옷이라는 건 '입어 보고' 사는 물건이었지만 온라인 쇼핑몰이 대중화되면서 화면 속 사진을 '보고' 사는 걸로 바뀌었다. 입체적인 몸에 옷을 걸쳐 보는 게 아니라 피팅 모델이 대신 입고서 보여 주는 평면의 이미지를 관찰하고, 그게 우리에게 입혀진 상을 상상하며 옷을 고른다. 편안하게 몸에 맞는지, 소재가 만족스러운지, 실용적인지는 알 수도 없이 그저 저 모델처럼 내게도 잘 어울리길 바랄 뿐이다. 그런 면에서 온라인 쇼핑몰은 옷을 판다기보다 사진을, 이미지를 파는 사업일지도 모르겠다.

문제는 우리 대신 옷을 입어 준 피팅 모델의 몸이 평균적인 여성의 몸과 현저하게 다르다는 것이다. 마른 몸, 작은 얼굴, 긴 다리와 팔……. 가뜩이나 저체중인 그녀들의 신체를 포토샵으로 지우고 늘이고 줄여서 완성한 가상의 상을 보고 주문한 옷을 우리는 절대 모델처럼 소화할 수가 없다. 딱 붙는 티셔츠 위로 울퉁불퉁한 살의 굴곡이 드러나고 치마허리 후크는 잠기지 않는다. 흐뭇하던 상상은 산산조각 난다.

기대가 어긋나는 가운데 자기 신체에 대한 강렬한 혐오와 함께 이상적인 모델의 몸에 대한 선망이 일어난다. 여기저기 살이 흘러내리는 이 몸으로 저 옷을 입어 봐야 우스운 꼴밖에 안 된다는 걸 절감할수록 저걸 입어야만 하겠다는 이상한 오기가 생겨났다. 그 작은 옷의 크기야말로 가닿아야 할 기준이며, 그 근처에도 가지 못해 피팅 모델의 '이미지'를 획득하지 못하는 건 명백한 실패의 감각으로 다가왔다.

'옷'이라는 대상에 새겨진 복잡한 감정과 집착은 내 어릴 적 기억과 결부된 것일지도 모른다. 대부분의 소녀가 그렇듯 사춘기가 지나고 중학생이 되면서 내 몸은 조금씩 불어나기 시작했다. 초등학생 때까지만 해도 입이 짧아 내내 마른 몸이었기 때문에 나는 적잖이 당황했다. 고등학생 때 엄마와 옷을 사러 돌아다닐 때면 항상 같은 상황이 반복됐다. 엄마는 내가 탈의실에서 옷을 갈아입고 나올 때마다 직원을 향해 난감한 표정을 지어 보이며 말했다.

"애가 살이 너무 쪄서요."

그때의 부끄러움과 낭패감이란. 나는 얼굴이 벌게져서 재빨리 옷을 벗어 직원에게 건네주고 도망치듯 가게를 빠져나왔다. 나에게 옷이란 수치심과 곤혹스러운 감정을 환기시키는 대상이었다.

하지만 클리닉을 다닌 지 2개월 만에 저체중의 몸이 되면서 드디어 옷이 주는 우울함으로부터 해방됐다! 타이츠처럼 딱 붙는 스키니진, 아동복처럼 작은 티셔츠도 마음껏 입을 수 있게 되었으니까. 쇼핑몰의 옷들은 55 사이즈라고는 하지만 사실상 44반 사이즈였고, 프리 사이즈라고는 하지만 저체중 여자들이나 자유롭게 입을 수 있는 크기였다. 그 전까지는 '뚱뚱해 보이지 않는 옷'만이 유일한 선택 기준이었지만, 40kg대로 내려가 55 사이즈가 낙낙하게 맞는, '옷걸이'로서 적합한 몸이 되니 뭐든 입을 수 있는 자유로운 권능이 내게 주어졌다.

그때 쾌재를 부르며 내가 느낀 건 성공을 넘어 승리의 기쁨에 가까웠다. '평범한' 몸의 범주에서 벗어나 '날씬함'의 영역에 들어서면서 훨씬 우월해진 느낌. 게임에서 캐릭터의 능력치를 쌓아 레벨 업을 하는 것처럼 체중계 숫자를 점점 낮춰 내 외모 레벨을, 나라는 사람의 가치를 상승시킨 거다.

그런 중에도 마음 한구석 밑바닥에는 무리해서 다이어 트를 감행하는 스스로에 대한 혐오가 고이고 있었다. '있는 그대로의 나를 사랑해야 한다.' '마른 몸은 사회가 정하고 미디어가 강요하는 이상적인 여성상일 뿐이다.' '부당한 압력에 굴복하는 건 덜떨어진 여자나 하는 행동이다.'

사회적 압력에 굴복해 세상의 미적 기준에 나를 맞추려 애쓰지 않는 것이 '깨인 여성'으로서 의무이자 여성 인권에 일조하는 바라고 생각했다. 하지만 그리 당차게 마음먹은 대로 살지 못하고 너무도 간절히 가냘픈 몸을 원하는 스스로가 미워질 정도였다. 나를 둘러싼 사회의 양가적인 요구를 충족하려면 있는 그대로 살이 찐 몸으로 살든, 애를 써서 체중을 줄이든, 어느 쪽이든 자기혐오를 벗어날 수 없었다.

그래서인지 언젠가부터 사람들은 다이어트를 말하는 대신 건강을 화두로 올리기 시작했다. 몸에서 지방을 덜어내고 근육을 늘려 탄탄한 몸을 만드는 것은 여성을 향한 압력에 수동적으로 굴복하는 것이 아니라 내 몸을 개선하려는 건전한 노력이니까. 상반된 요구를 모두 충족할 수 있는 참신한 이유, 진퇴양난에 빠져 있던 여성들에게 새로운 우회로가 등장한 셈이다.

수백만 원짜리 PT 수업을 결제해 하루에 몇 시간씩 헬

스장에서 운동을 하며 탄수화물 없이 단백질 위주의 식사를 한다. 그렇게 몇 달간 몸에서 지방을 덜어 내고 근육을 만든 후 복근 세로줄이 선명한 보디프로필 사진을 찍어 인스타그램에 올리면 미의 기준에 맞추려 안간힘을 쓴 것이 아니라 건강한 몸을 위해 극기를 해낸 영웅적 행보처럼 여겨진다.

하지만 그런 방식으로 도저히 해낼 수 없었던 나는 그냥 거짓말을 택했다. 안달복달하지 않는 척, 무심한 듯 담백하게 사소한 노력만으로 살이 빠진 척하면서 뒤로는 다이어트 클리닉을 부지런히 들락거렸다. 물론 마음 한구석은 편치 않았다. 몸에 대한 사회적 압력에 굴복한 내가 실망스러웠고, 일종의 반칙을 썼다는 죄책감에 떳떳하지 못한 느낌이었다. 남들은 식이요법과 운동을 하며 자기 의지로 건강하게 다이어트에 성공하는데 나는 비싼 돈을 들여 가며 몸에 해로운 방식을 택한 것이 수치스러워 클리닉으로 가는 발걸음이 무거웠다.

그럼에도 그 모든 불만족과 수치심과 죄책감을 압도하고도 남을 만큼 날씬해져서 얻은 만족감은 컸다. 비밀은 그 값어치를 했다. 가느다란 몸으로 세상을 활보해 보는 내 간절한 꿈을 이뤘으니까.

외모는 중요치 않아, 그런데 너 참 예쁘다

목욕탕의 뿌연 증기 사이로 벌거벗은 상앗빛 등이 환하게 빛난다. 10대 후반쯤 되어 보이는 여자는 내 쪽으로 등을 보인 채 욕탕 가장자리에 기대앉아 있었다. 곧 몸을 일으켜 욕탕을 벗어나 자기 자리로 향하는 그녀 몸에서 내 눈길이 차마 떨어지지 않았다. 르네상스 시대의 증기탕 그림 속에서 막 튀어나온 여인처럼 풍만하게 아름다운 몸. 부드럽게 부푼 가슴에서 시작된 몸 선이 완만한 곡선을 그리며 허리, 엉덩이까지 이어졌다. 토실한 팔과 허벅지, 동그랗게 나온 배는 더없이 육감적이다. 같은 여자임에도 나는 그 몸이 그리는 아름다운 선과 그 안에 터져 나갈 듯 풍요롭게 들어찬 살의 양감에 감탄하며 하염없이 바라봤다.

하지만 그 여자는 목욕탕 그림 속 여자처럼, 티치아노의 그림 속 여신처럼 나른하게 자기 몸의 매력을 만끽하기는커녕 허리를 잔뜩 굽히고 수건으로 연신 가려 대며 부끄러워하고 있었다.

어쩌면 그녀는 내가 감탄한 토실한 허벅지와 팔을 거울로 보며 불평하고, 더 마른 허벅지와 팔뚝을 갖기 위해 노력할지도 모른다. 요즘 10대들이 TV 속 아이돌의 몸을 선망하며 무리한 다이어트를 하듯 그녀도 자신의 부푼 몸을 줄이고 또 줄여서 양감 없이 마른 몸, 곡선 없는 직선의 몸으로 만들고 싶어 할지도 모른다. 그 자신, 있는 그대로의 매력은 보지 못한 채 다른 상을 쫓고 있는 건 아닐까. 내가 그러고 있는 것처럼.

그다음 날 오후, 나는 개량한복처럼 생긴 가운을 입고 건강검진센터 대기실에 앉아 내 이름이 불리기를 기다리고 있었다. 센터 공간 중앙의 안내데스크에 병원 직원들이 차트를 들고 바쁘게 오갔고 나는 멍하니 그들을 관찰했다. 틀어 올려서 깔끔하게 쪽 찐 머리, 꼼꼼하게 화장한 얼굴, 몸에 꼭 맞는 크기의 똑같은 유니폼. 몸의 크기마저 똑같이 날씬해 마치 유니폼 사이즈에 맞춰 사람을 뽑은 것 같다. 이렇게 분주하게 움직여야 하는데 꼭 저렇게 허리선이 들어간 상의와 허벅지에 딱 맞는 바지를 입어야 하나? 66 사이즈 이상인 사람에게 맞는 유니폼은 과연 있을까? 저

옷에 몸을 맞추기 위해 나처럼 다이어트 강박을 달고 살지는 않을까?

목욕탕에서 본 여자들의 다양한 몸들을 떠올렸다. 가슴이 축 처진 사람도 있고 뱃살이 늘어져 불룩한 사람도 있었다. 누군가는 깡말라 가슴이 납작했고 누군가는 엉덩이가 풍만했다. 어제의 풍경과는 달리 이곳에는 자연스러운 몸의 다양함이 실종된 채 같은 공장 라인에서 생산된 동일한 규격의 로봇처럼 똑같은 신체 사이즈의 직원들만이 모여 있다. 스튜어디스, 웨이트리스처럼 다른 유니폼을 입는 직종도 마찬가지다. '다른 몸'은 허용되지 않는다.

아마 그건 회사가 대면 서비스직에 '적절한' 외모의 사람들을 채용하거나, 그런 이들만 골라 이런 현장에 배치했기 때문일 것이다. 때때로 여성의 외모는 일터에서 중요한 스펙이 된다. 신체에 잣대를 들이대는 고용자들 앞에서 우리 몸이라는 자연체는 일종의 능력 자산, 노동수단으로 전락하고, 이런 물신화의 행태는 여성을 대상으로 할 때 유독 강력해진다.

'이상적인 사이즈'라는 은연중에 주어진 기준이 노동자로서, 인간으로서 있는 그대로 우리 몸을 긍정할 자유를 박탈한다. 소위 '비주얼'이 중요한 업종에서 일하는 여성들에게는 잉여로 쪄 버린 살이 근로자로서 적합하지 않은,

나태와 방종의 증거처럼 느껴지지는 않을까? 어제 목욕탕에서 잔뜩 몸을 움츠리던 여자처럼 조금이라도 살집이 있는 몸, 사회가 정해 놓은 아주 작은 틀에서 벗어나는 몸에 대해 수치심을 느끼게 되는 거다. 나는 공기처럼 존재하는 억압의 부당함을 목도한 것에 조용히 분개하며 진료실로 들어갔다.

"57kg이네요. 작년보다 7kg 늘었어요." 의사가 문진표를 들여다보며 말하는 순간, 등줄기로 차가운 것이 훑고 지나가는 느낌이다. 살이 찌고 있다는 사실을 확인하고 싶지 않아 한동안 체중계에 올라가지 않긴 했지만 이렇게나 무게가 늘었을 줄은 미처 몰랐다. 나는 망연자실 지난 1년을 돌아봤다.

40kg대라는 기쁜 숫자는 오래가지 않았고 채 한 달도 되지 않아 다시 50kg대를 회복했다. 그래도 약을 끊고 나서 한 두어 달은 나쁘지 않았다. 클리닉 다니던 시절 소식하던 습관을 그럭저럭 유지할 수 있었으니까. 50kg을 넘어 1~2kg 정도 더 쪘을 때도 그다지 신경 쓰지 않았다. 이정도만 해도 어디야.

문제는 영영 떠난 줄 알았던 식욕이 사라질 때만큼 빠른 속도로 돌아왔다는 거다. 어느새 내 식습관이 완전히 바뀌어 있었다. 반 그릇도 못 먹던 밥을 한 그릇씩 싹싹 비웠고 날마다 이어지는 한밤의 술자리에서는 손도 안 대던 안주를 우걱우걱 퍼먹었다. 아침을 습관적으로 거르고 다녔는데 이젠 고열량의 달콤한 빵을 야무지게 챙겨 먹었다. 그건 혹독한 다이어트 기간에 대한 일종의 보상 심리 같았다. 열심히 뺀 몸무게의 숫자가 내 식탐을 면피라도 해 주는 것처럼, 그동안 못 먹은 음식을 벌충하기라도 하듯이 겁도 없이 마구 먹어 댄 거다.

오히려 클리닉을 다니기 전보다 더 강도가 센 식욕이 생기면서 체중계 숫자는 예전 몸무게로 부지런히 돌아갔다. 어딘가에 꾹꾹 욱여넣어 간신히 통제해 오던 식욕이 억누르던 힘이 사라지자 한꺼번에 쏟아져 나오는 느낌이었다. 53kg, 54kg…… 나는 빠르게 통제력을 상실해 가고 있었지만 어찌할 도리가 없었다.

아니, 애초에 식욕을 억제하던 것은 나의 힘이 아니라 뇌에 작용한 약물의 힘이었던 걸 잊고 있었다. 인위적인 개입이 사라지자 원래의 나로, 씩씩하게 1인분 치 밥을 다 먹어 치우는 몸으로 돌아간 것이다. 결국 최저 몸무게를 찍은 지 불과 반년 만에 귀신같이 원래 체중으로 원상 복귀했다. 클리닉이 베풀어 준 마법은 채 1년도 가지 못했다. 100만 원이 넘는 돈을 갖다 부은 건 불과 몇 달간 날씬한 몸으로 살아 보는 호사를 누리기 위함이었던 걸까?

　건강검진을 받고 난 후 집으로 돌아가 예전에 받은 인보디 검사 결과지를 찾아봤다. 처음 클리닉에 갔던 날 쟀던 체중은 56kg. 살을 빼기 전보다 오히려 1kg이 더 쪄 버렸다! 억장이 무너지는 심정으로 생각했다. '이게 그 무서운 요요 현상이구나.'

　몸은 체내 환경을 일정하게 유지하려는 항상성을 지니기 때문에 단기간에 살을 빼고 나서 관리를 소홀히 했다간 결국 원래 체중을 회복하고 만다. 나는 내 몸의 항상성과 회복탄력성에 탄복했다. 울면서 손뼉이라도 치고 싶은 심정이었다. 그건 신체가 건강하게 제대로 기능하고 있다는 증거였지만 나는 그 '건강'이 원망스러웠다. 최저 몸무게를 찍었을 때 매달 감기를 달고 살던 내 몸을 그대로 피폐하게 놔두지 그랬어! 왜 시키지도 않은 살을 찌우고 그래! 기껏 야윈 몸을 만들어 놓고는 방심하고 나태하게 굴다가 다시 투실투실 살진 몸으로 돌아가다니. 복권 당첨된 사람이 허튼 짓거리를 해 대다가 당첨금을 전부 날리고 만 것 같은 허탈감에 휘청였다.

　다이어트를 해 본 사람이라면 누구나 한 번씩은 세상이 무너지는 듯한 요요 현상을 겪는다. 미국의 법정 드라마 〈앨리 맥빌〉(2001~2002) 시즌5에 금발의 지적인 변호사 넬 포터 역으로 출연한 배우 포샤 드 로시도 혹독하게 감량을 하다가 요요 현상을 경험했는데 자전적 에세이 《너 어젯밤에 뭐 먹었어?》에서 그때의 참담한 심정을 토로했다. 극단적인 다이어트의 부작용으로 거식과 폭식을 오가던 그녀는 "요요라고 하면 어딘가 가볍고 유치하고 경망스럽게 들린다"며 불평한다.

> 요요는 줄이 끝나는 부분이 있어서 최고의 높이와 최저의 높이가 정해져 있다. 요요는 줄 길이가 이미 정해져 있어서 최저와 최고가 절대 바뀌지 않는다. (……) 하지만 꼭 그렇지도 않았다. 살이 찌고 빠지는 데에는 정해진 것이 없다. 매일 아침 깰 때마다 나는 오늘이 이제껏 체중계에서 본 적 없었던 최고 몸무게 기록을 경신할 날이 될지, 아니면 성공과 행복과 완벽한 자기 만족감을 느끼게 해 줄 멋진 날이 될지 도무지 가늠할 수가 없었다.

—— 포샤 드 로시,
《너 어젯밤에 뭐 먹었어?》,
배미영 옮김,
이후, 2014

나는 행복했던 시절을 회상하며 울적한 마음으로 옷장 서랍을 열었다. 이제는 작아서 못 입게 되어 버린 옛 친구들을 하나하나 끄집어냈다. 입으면 살로 터져 나갈 것 같은 스키니진은 이제 바지가 아니라 스타킹 같았고, 큰맘 먹고 백화점에서 산 비싼 셔츠는 살진 몸을 다 가리지 못해 단추 사이가 벌어졌다. 한때 승리의 전리품이던 작은 사이즈의 옷들은 이제 패배의 흔적이 됐고 패전국이 전쟁 배상금을 지불하듯 나는 불어난 몸에 맞춰 싸구려 옷들을 추가로 사들여야 했다. 옷장은 여러 사이즈의 옷들로 터져 나갈 것 같았다.

나는 브래지어 끈 위로 삐져나온 살을, 바지 허릿단 위에 걸쳐진 뱃살을 손으로 잡아 보며 한숨을 쉬었다. 비디오를 되감듯 1년 전의 나로 완벽하게 되돌아온 것이다. 아니, 이것은 플러스마이너스 제로가 아니다. 내가 약을 먹어 가며, 주사를 맞아 가며 이룬 성취를 다 날려 버린 건 원래의 나로 돌아간 게 아닌, 그 이상의 상실이었다. 한때 가져 본 것을 잃는다는 경험은 뼈저린 좌절감과 죄책감이 대가로 따라오니까. 인위적으로 내 몸속 신경계를 휘저은 약물의 부정적인 영향은 또 어떤가. 그 위험까지 감수했는데 도루묵이 됐다고? 다이어트의 성공이 남들 눈에 뚜렷이 보이는 성과라서 더 뿌듯했듯이 원래 몸으로 되돌아가는 것도 남들 눈에 확연히 보이는 실패이기에 더 민망하다. 얼마나 한심해 보일까.

내가 잃어버린 것들, 날씬하던 시절 내가 사람들로부터 받은 달콤한 대접을 떠올려 봤다. 다이어트 전에는 영신통치 않던 연애 사업이 체중 감량 후에는 나가는 소개팅마다 백전백승으로 애프터 신청을 받을 정도로 승승장구했다. 일 때문에 만난 취재원들이 실없는 말로 "미녀 기자"라며 추켜세워 주면 외모를 평가받는 게 석연치 않으면서도 내심 슬며시 웃음이 나오곤 했다. 직업상 낯선 사람을 숱하게 만나야 하는데, 아무래도 더 괜찮은 외모라면 취재원에게 호감을 줄 수도 있고 그게 일에 플러스가 될 수 있다는 생각을 은밀히 했다. 의식하지 못한 사이 직장 생활에서 미모가 자산이고 무기라는 걸 긍정하고 있었던 거다.

생각이 여기까지 이르자 순간 멈칫했다.

아까 내가 본 검진센터의 직원들, 똑같이 날씬한 사이즈의 사람들을 떠올렸다. 그들과 내가 다를 바가 뭐지? 최소한 그들은 회사의 부당한 정책으로 인해 차별의 대상이 됐을지 모르지만 나는 스스로 내 몸을 노동 자산으로, 능력주의의 한 요소로 전락시키고 있었다. 직장에서 외모 기준을 강요받은 일도 없는데 말이다.

문득 궁금해졌다. 공기처럼 존재하는 외모 차별 풍조에서 과연 내 직장은 자유로운가? 회사의 어떤 선배는 내 입사 동기(여자)를 가리켜 "너는 얼굴 때문에 뽑혔다"고 말하곤 했다. 기자들 사이에는 정치부에는 기왕이면 젊고 예쁜 기자를 보내 취재원 확보(?)에 유리한 고지를 점한다는 이야기가 공공연히 떠돌았다. 외모 잣대를 들이대는 풍조는 언론계라고 그리 다를 것 없었는데도 이전까지는 눈치채지 못하고 있었다. 아니, 내심 인정하기 싫었다는 표현이 더 맞는 걸지도 모른다.

내 의식 속에는 두 가지의 상반된 기대와 관념이 존재했다. 요즘 세상에 직장에서 무슨 외모를 보냐는 생각(혹은 기대). 한편으로는 외모가 근사할수록 사회생활에 도움이 된다는 무의식 속 관념. 이건 사회가 이중적 메시지를 보내고 있기 때문이다.

"외모는 중요치 않아. 그런데 너 참 예쁘다."

이 중에 우리를 더 강하게 옭아맨 것은 항상 후자 쪽이었고 자신 있게 전자의 태도를 취한 적은 한 번도 없었다. 사회생활의 방정식에서 외모가 꽤 강력한 변수로 작용하는 걸 우리는 입 밖으로 내어 긍정하지는 않지만 피부로, 공기로 느낀다.

결국 살을 빼려 에너지와 돈과 시간을 쏟는 것에 망설임이 없었던 나의 무의식에는 여성일수록 더 아름답기를 바라는 사회적 기대, "기왕이면 다홍치마"라는 식으로 능치듯 은근하게 압박해 오는 무게가 동력으로 작용했다는 걸 부인할 수 없다.

우리는 한 인간으로 대접받기 전에 외모부터 위아래로 훑는 시선과 마주한다. 그 겹겹이 쏟아지는 시선들에 얽매여 있는 그대로를 긍정하는 주체가 되지 못하고 끝없이 거울을 보고 뱃살을 의식하는 자기 검열의 노예가 된다. 이 모든 것이 은연중에 체화되기 때문에 난 내 멋을 위해 다이어트를 한다고 한 치 의심도 없이 믿을 뿐, 다분히 강제된 외모 강박이라는 걸 알아채지 못한다. 자발적이기에 거부감 없이 기꺼이 스스로를 옭아매는 거다.

살이 다시 쪘을 때의 밀려오는 좌절감 속에는 내 몸이 실패했다는 감각, 내 점수가, 내 가치가 형편없이 바닥에 떨어지고 말았다는 생각이 깃들었다. '날씬함'이라는 기준에 도달하지 못한 것이 일종의 낙오로까지 느껴진 것은, 그렇게까지 나를 있는 그대로 사랑할 수 없었던 것은 왜일까? 그건 어쩌면 내가 스스로를 '타인의 시선'으로 바라

봐서일지도 모른다.

> 소녀와 젊은 여성은 자신의 외모로 다른 사람의 관심을
> 요구하고 눈을 끌 수 있다는 사실을 재빨리 배운다.
> 그리고 시간이 갈수록 다른 사람이 언제 어디서든
> 외모를 평가하고 있다는 인식을 내면화한다. 결국 그들을
> 만족시키기 위해 움직이기 시작한다. 당신은 자신의
> 외모에 가장 밀접한 관찰자가 되고 가장 끈질긴 감시자가
> 된다. 이런 이유에서 자기 대상화는 신체 감시 또는 신체
> 모니터링이라 불리기도 한다.

—— 러네이 엥겔른,
《거울 앞에서 너무 많은 시간을 보냈다》,
김문주 옮김,
웅진지식하우스, 2017

피부에 와 닿는 사회적 시선은 우리 몸을 대상화하고, 그 시선에 나의 시선을 투사하기에 우리는 스스로를 대상화하기에 이른다. 몸의 변화를 내 감각으로 온전히 '느끼기'보다는 남들 눈에 어떻게 '비칠지'를 더 민감하게 의식하는 거다. 하지만 우리가 막연히 상상하며 그 기준을 충족하려 애쓰는 '세상의 눈', 우리를 대상화하는 상상 속 시

선, 혹은 스스로를 대상화한 나 자신의 시선은 닿으려야 닿을 수 없을 만큼 높은 기준, 아이돌이나 모델처럼 잉여 살점 하나 없이 말랐으면서 여성스러운 곡선은 살아 있는 한편 신체 비율 또한 완벽한 몸과 비교하며 질책한다. 그래서 나는 아등바등 살을 빼려 애썼고, 실패했을 때 그렇게나 통렬하게 낙담했던 것이리라.

이제 나는 갈림길에 서 있는 기분이었다. 초조한 심정으로 휴대폰을 열어 다이어트 클리닉의 전화번호를 찾아봤다. 다시 클리닉으로 되돌아가 약을 먹고 주사를 맞아 가며 '꿈의 몸무게'를 되찾을 것인지, 내 몸에 내려진 운명의 적정 몸무게가 50kg대 후반이라는 사실을 받아들일 것인지. 클리닉에 다니는 것에는 돈 말고도 대가가 따른다. 수십 번씩 바늘을 찔러 넣고 피를 흘리는 고통을 감내하고 내 몸의 신경 체계를 교란시키는 약물을 삼켜야만 했다. 스스로 몸을 갉아먹고 있다는 불안감, 심장계 질환을 일으킬 수도 있다는 약물의 부작용에 대한 두려움과 꺼림칙함, 창피하고 비겁한 수단을 써 가며 살을 빼고 있다는 생각에서 비롯된 울적함을 고스란히 견뎌야 했다.

나는 휴대폰을 내려놓고 다시는 클리닉에 가지 않기로 결심했다. 인위적으로 몸을 상하게 만들고 신체를 피폐하

게 몰아가면서까지 세상의 압력에, 나의 강박에 굴복하고
싶지는 않았다. 생긴 대로 살자, 내 몸이 가장 편안하게 느
끼는 몸무게를 받아들이자.

그를 만나기 전까지는 그렇게 생각했다.

다시 다이어트 클리닉으로

대학교 2학년의 어느 화창한 봄날이었다. 나는 친구 J와 중앙도서관 앞에 앉아 하릴없이 아이스크림을 먹고 있었다. 시험을 앞둔 때라 어느 때보다 학생들의 출입이 잦았고 전공책을 잔뜩 짊어진 사람들의 행렬이 끝없이 도서관으로 흘러 들어가고 있었다.

무료함을 달래고자 우리는 재미있는 게임 하나를 고안해 냈다. 눈에 보이는 남학생마다 A+부터 F까지 등급을 매기는 거다. 공학 대학으로 유명한 우리 학교는 남학생이 압도적으로 많았고 우리가 점수를 매길 학생은 차고 넘쳤다.

"쟤는 C등급. 피부가 저게 뭐냐. 키도 작고."

"쟤는 B쯤 되려나. 몸매가 날씬하고 피부가 깨끗하네. 근데 이목구비는 별로."

"어우, 저 남자는 얼굴도 별로인데 패션 센스가 저게 뭐냐. D다, D."

그들이 듣지 못할 만큼 멀찍한 거리에 앉아 우리는 끝없이 남자들을 품평했다. 드물게 A등급이 등장하면 환호성을 지르며 그가 무슨 전공일지 궁금해했다.

"저 정도 키 크고 잘생긴 애랑 연애하고 싶다!"

그리고 나서 얼마 후, 마치 운명처럼 J는 우리가 본 그 A등급의 남자와 사귀게 되어 팔짱을 끼고 도서관에 오게 됐다. 큰 키에 하얀 피부, 연예인을 닮았단 소리를 듣는 J를 보고 남자가 첫눈에 반해 전화번호를 적은 쪽지를 건넨 것이다. 전형적인 미남미녀 스타일의 두 사람은 아주 잘 어울리는 한 쌍이었다. 말 그대로 A등급 커플이었다.

남자들만 여자의 얼굴을 따지는 건 아니다. 외모는 내가 이성에게서 매력을 느끼는 요소 중 가장 중요한 부분이었기에 나는 늘 궁금했다. 나도 A등급의 남자, 쳐다만 봐도 심장이 두근거릴 정도로 근사한 외모의 사람을 만날 수 있을까?

몇 년 후, 많은 사람이 어울려 술을 마시던 어느 모임에서 나는 한 남자를 만났다. 그는 이미 다들 얼큰하게 취하도록 시간이 지나서야 느지막이 자리에 나타났고 사람들은 유난스럽게도 그를 반겼다.

"오, 다니엘 헤니 왔다. 아우, 이 자식은 언제 봐도 잘생겼다니까."
"다 갖춘 부러운 새끼 같으니."

뭐가 그리 대단한가 싶어 나도 목을 빼고 그를 쳐다봤다. 외투와 가방을 벗으며 씩 웃는 낯으로 친구들과 인사를 나누는 한 남자가 보였다. 끝이 살짝 처진 긴 눈매에 오뚝한 콧날, 깨끗한 피부. 큰 키에 늘씬한 몸매. 약간 수줍음을 타는 듯한 태도와 신중한 말투. 나는 쳐다보지 않는 척 곁눈질로 계속 힐끔거리며 그를 주시했다. 분명 그건 첫눈에 반하는 순간이었다. 난생처음 보는 남자가 내 마음속 한가운데로 뚜벅뚜벅 걸어 들어와 삶을 온통 뒤흔들 준비를 하고 있었다.

그 후 나는 별 시답지 않은 각종 핑계로 구실을 만들어 몇 번이나 그와 따로 만났고 수개월이 흐른 후 우리는 꽤 가까운 친구가 됐다. 하지만 그때부터 생각지도 못한 고뇌가 시작됐다.

우리가 카페에서 만나 시간을 보내던 어느 주말 오후,

나는 주문대에서 커피를 받아 오는 그의 뒷모습을 유심히 지켜봤다. 쭉 뻗은 다리 위 군살 없이 날씬한 허리. 셔츠 위로 도드라지는 탄탄한 가슴 근육. 나는 감탄하다 못해 그의 몸매를 거의 선망하다시피 했다. 남자들 몸 실루엣의 기본형은 직선이다.(물론 그 기본형을 유지하지 못하는 사람이 많지만.) 굵은 뼈대 위의 탄탄한 근육이 살을 지탱하고 붙들어 몸의 라인이 날렵하게 떨어진다. 그에 비하면 여자들 몸은 완만한 곡선을 그린다. 가슴에, 배에, 엉덩이에 풍만하고 부드러운 양감의 살집이 자리 잡았다.

문득 시선을 내려 내 허벅지를 봤다. 앉은 의자에 살이 눌리는 바람에 서 있을 때보다 더 두꺼워 보였다. 그의 다리 두께의 1.5배는 되어 보인다. 날씬해 보이려고 꽉 조이는 바지를 입었더니 허리춤 위로 뱃살이 두툼하게 튀어나와 숨이 막혔다. 누군가 우리를 보고 저 늘씬한 남자가 왜 볼품없는 몸매의 여자와 다니는지 의아해하지는 않을까? 내 외모의 부족함을 새삼 깨닫자 세상이 꺼지는 듯 울적해졌다.

내가 남들의 외모를 보고 촘촘히 등급을 따져 매겼듯 이제는 내 몸과 얼굴의 등급을 가늠해 보기 시작했다. 남에게 들이대던 잣대가 고스란히 내게로 돌아온 거다. 그는 누가 봐도 '준 연예인'급의 자타공인 미남, A등급의 남자였고 나는 그에 비해 턱없이 부족했다. 대한민국 여성의 평균 키 정도에 불과한 신장. 요요 현상으로 다시 불어나 버린 보잘것없는 몸매. 너부데데한 얼굴에 사각턱, 코 평수가 커다란 코. 예쁘장하고 호리호리한 그의 옆에 서기에 한없이 초라한 난 C등급이나 될까? 적어도 B+는 되어야 그의 연인 상대로서 서류 지원이라도 해 볼 수 있는 거 아닐까?

이런 고뇌가 내 몸에 대한 불만으로 이어지면서 한동안 잊고 있던 혐오감이 스멀스멀 머릿속을 채웠다. 내 몸을 있는 그대로 긍정하자, 감량에 대한 스트레스는 받지 말자고 옹골차게 다짐하던 것이 무색해졌다. 짝사랑의 시험을 통과하는 데 이 매력 없는 몸은 크나큰 장애물이다!

예전에 내가 느낀 절망감이 세상이 원하는 이상적인 몸매, 다소 막연한 그 틀에 나를 맞추지 못한 데서 비롯됐다면, 이번에는 내가 흠모하는 사람의 외모와 급을 맞춰야 한다는 생각 그 자체가 구체적이고도 엄밀한 기준이 되어 내게 들이밀어졌다. 이 몸으로 그렇게 예쁜 사람의 호감을 살 수 있겠어? 그는 평범한 사람들보다 훨씬 매력적이니까 이성을 보는 눈높이도 훨씬 높지 않을까? 얼마나 많은 예쁜 여자들이 그를 사귀려고 들이댈까? 이런 생각에 마음이 초조해졌고 매력 없는 외모로 그 앞에 서는 게 너무나 두렵고 부끄러워 가끔은 그를 만나러 가는 길이 고역스럽게까지 느껴졌다.

개선의 여지는 아직 남아 있다. 얼굴이야 뜯어고치지 않는 이상 어찌할 수 없다 치자. 몸매는 안간힘을 쓴다면 날씬해질 수 있지 않을까? 지난번 다이어트 때 사람들이 내 외모를 한껏 추켜세워 주던 기억이 떠올랐다. 그래, 살만 뺀다면 내게도 개선의 여지는 있다. 그에게 들이대 볼 용기가 날 것이다. 다시 다이어트를 하자.

하지만 내게는 시간이 없었다. 그와 쌓아 올린 관계가 흐지부지되기 전에 급발진해서 연애의 단계로 넘어가야 한다. 하루빨리 부끄럽지 않은 몸이 되어 그에게 매력적인 여자로서 어필을 해야 한다. 그래서 나는 다시 클리닉 문 앞에 섰다. 단 한두 달 만에 내 외모가 획기적으로 변할 거라 믿으며. 그게 내 짝사랑의 구원이 되어 줄 것이라고 확신하면서.

병원 침대에 누워 긴장으로 두근거리는 가슴을 억누르며 기다렸다. 얼마 지나지 않아 가운을 걸친 의사가 들어오더니 내 곁에 의자를 바짝 가까이하고 앉았다.

"마취할 때 따끔하고, 나중에 주삿바늘 들어갈 때 뻐근한 느낌이 들 수 있어요. 긴장 푸세요."

의사는 어르는 듯한 말투로 나를 안심시키고는 준비를 시작했다. 이까짓 간단한 시술쯤 수없이 반복한 듯 망설임 없이 침착한 몸짓이었다. 간호사로부터 건네받은 마취 주사를 시술할 배 부위에 푹 찔러 넣었다. 따끔하긴 했지만 못 참을 정도는 아니었다.

곧 간호사가 문어발처럼 주삿바늘 네다섯 개가 달린 호스를 들고 나타나 의사에게 건넸다.

"주사 들어갑니다."

의사는 가벼운 손놀림으로 주삿바늘을 배의 네 군데 지점에 푹푹푹푹 찔러 넣었다. 생각만큼 아프진 않았지만 뭔가에 꿰뚫리는 감각은 확실했다. 곧 차가운 액체가 배로 흘러드는 듯한 이물감이 느껴졌다. 나머지는 간호사의 몫인 듯 의사는 안심시키는 말 몇 마디를 하고 슬쩍 자리를 떴다.

20분 정도 지나고서야 간호사가 주삿바늘을 제거해 줬다. 약물이 들어간 배는 피부가 하얗게 될 정도로 빵빵하게 부풀어서 뻐근한 느낌이 들었다.

"지방세포를 녹여 주는 특수 약물이 들어간 거고요. 이제 레이저를 쏘아서 지방세포를 분해시켜 줄 거예요."

간호사는 배를 솜으로 닦은 후 차가운 젤을 치덕치덕 발랐다. 곧 레이저 기기로 배를 문지르자 따끈한 느낌이 좋았다. 이렇게 빠져나간 지방세포는 소변으로 배출된다고 한다. 부푼 배는 하루만 있으면 원래대로 돌아갈 거다. 하지만 이 짓거리를 네 번이나 더 해야 한다고 생각하니 울적해졌다.

'아니야, 이건 결과를 얻기 위한 대가일 뿐이야.' 이 고역스러운 걸 다섯 번만 참으면 전에 없이 납작한 배가, 의자에 앉아도 살이 흘러내리지 않는 허리가 될 거라며 스스로를 달랬다.

비틀거리며 탈의실에서 나와서 진료실로, 1년 전쯤 매주 들어가 의사를 만나던 그 방으로 들어갔다. 문이 열리자 그때 그 의사는 마치 그곳에서 한 발짝도 움직이지 않은 것처럼 똑같은 자세로 앉아 사무적인 미소로 나를 맞았다.

그녀는 전처럼 놀라울 정도로 식욕을 뚝 떨어뜨려 주

는 약을 매주 처방해 줄 것이고 난 일주일에 한 번 시술실에 누워 지방 분해 약물이 들어간 주삿바늘을 수없이 꽂아 넣을 것이다. 섭취하는 음식량을 새 모이만큼으로 줄이고, 배에 가득 찬 지방세포를 주삿바늘로 쪼개어 나를 분해하고 해체할 기세로 다이어트에 임한다면 매주 1kg씩 체중을 줄여 더욱더 가벼워지고 가늘어지고 작아질 것이다. 날씬해진 몸, 한두 단계 상승한 레벨의 외모가 되어 딱 붙는 원피스와 스키니진을 새로 사서 입고 그를 만나러 갈 거다.

다행히 HPL이라고 불리는 지방분해 시술의 효과는 훌륭했다. 주사를 맞고 부기가 가라앉기를 몇 차례 반복하니 효과가 한눈에 보였다. 윗몸 일으키기를 아무리 하고 러닝머신 위를 미친 듯이 뜀박질해도 도무지 빠지지 않던 뱃살이 쏙 들어가서 평평해졌다.

'이 맛에 클리닉 다니지.'

매끈한 배를 거울로 확인하면서 흐뭇하게 웃었다. 돈만 내면, 약간의 두려움과 고통만 견디면 그들은 내 몸을 이리저리 깎아 내 준다. 이 얼마나 손쉬운가! 힘겨운 운동과 식단 조절 같은 건 꺼지라 그래. 몸이란 건 빌어먹게 둔

해 빠져서 암만 용을 써 봐야 한 달에 1kg도 채 빠지지 않아 사람 열불 터지게 만든다. 밥을 굶고 뜀박질을 하고…… 하지만 이걸로는 어림도 없었다. 노력을 쥐어짜 내는 나를 비웃기라도 하듯 체중계의 숫자는 겨우 소수점 두 번째 자릿수만 오르내릴 뿐이었다.

식이 조절은 또 얼마나 고통스러운가. 빈약한 샐러드로 저녁 한 끼를 때우고 있자면 각종 음식 생각이 더 간절해져서 미쳐 버릴 것 같았다. 결국엔 참지 못해 야식을 시켜 먹고 다음 날 아침 불룩 나온 배를 안고 엎어져 좌절하기를 무한반복. 결국 나는 치트키를 선택했다. 다시 조우한 마법의 약, 식욕억제제는 내 기대를 배신하지 않는다. 밀려드는 식욕을 저만치 물리쳤고 신경이 마비된 것처럼 허기를 전혀 느끼지 못했다. 그렇게 나는 하루 활동할 만한 에너지를 겨우 낼 만큼 새 모이 같은 양만을 먹으면서, 하루 24시간 내내 그를 향해 촉각을 곤두세우고 살았다.

그의 연락을 얼마나 기다렸냐면, 혹시 답장을 못 받을까 봐 너무 두려워 차마 문자도 먼저 보내지 못했다. 어쩌다 문자 연락을 받으면 그 내용의 토씨 하나, 단어 하나에 감정이 롤러코스터를 탔다. 막상 만날 약속이 잡히면 예쁘게 보이고 싶은 마음에 거울을 열심히 들여다보다 마음에 들지 않는 내 외모에 좌절감이 들어 그를 만나러 가기가 싫어질 정도였다. 짝사랑은 한번 가져 보지도 못한 것을 상실할지 모른다는 터무니없는 불안감에 사람의 감정을 뒤죽박죽 과잉 상태로 만든다. 어쩌면 누군가를 몰래 혼자 사랑하며 느끼는 그 해소할 수 없는 갈망을 다이어트라는 목표로 돌렸던 건지도, 그래서 더 집착하고 강박을 느낀 걸지도 모르겠다. 누군가를 향한 사랑과 욕망의 에너지가 내 자연스러운 욕구를 옥죄는 데에 동원된 것이다.

연애와 다이어트의 기묘한 함수관계

내게 연애는 늘 '다이어트 기말고사'처럼 느껴졌다. 평소에는 막연한 자기만족을 위해 체중 관리를 했다면, 누군가의 눈에 예뻐 보이고자 하는 다이어트는 몸무게에 따라 내 매력 등급이 정해지는 듯해 초조해진다. 애인은 일종의 '몸의 감독관'처럼 느껴졌다. 그는 타인과 나 사이 지켜야 할 공간의 경계를 뚫고 들어올 수 있도록 무언의 허락을 받은 사람, 내 몸에 밀착하고 언제든 손을 뻗어 나를 만질 수 있다. 그 손은 내 허리를 감싸 안다가 두툼한 옆구리살에 닿을 수도, 영화관에서 내 허벅지에 올렸다가 너무 두껍다고 느낄 수도 있다. 그의 시선이 딱 붙는 바지를 입었을 때 엉덩이 밑으로 튀어나온 살을 주목할지도 모른다.

날씬하게 관리하라는 신호의 머릿속 경보 알람을 들으며 전전긍긍 여느 때보다 식사량을 확 줄이고 운동을 빼먹지 않으려 애를 썼다. 연애를 막 시작한 시점에는 긴장감 때문에 거의 식욕이 없어질 정도였다. 샤워 후 거울 앞에 서서 몸의 물기를 닦으며 몸 구석구석을 거울에 비춰 보는 시간은 부쩍 길어졌고 살집이 유난히 불룩 튀어나온 곳을 보면 한숨을 폭 쉬었다. 특히 옆구리 살, 이 살! 이 부위를 러브핸들이라고 부르는 건 남자가 감싸 안는 부위라는 로맨틱한 표현이지만 여자들에게는 치가 떨리는 이름일 뿐이다. 왜 여기 살은 딱 붙어서 줄어들 줄을 모르는 거지?

러브핸들이라는 이름, 우리 몸의 일부가 '남자의 손잡이'로 불린다는 것. 그저 옆구리일 뿐이던 부위가 타자의 시선으로 정의되며 구체적인 이름을 갖게 되면 우리의 주의를 강하게 끌어당기며 반드시 관리해야 하는 '특수 부위'가 되어 버린다.

이상적인 몸의 실루엣을 충족하지 못하고 불룩 튀어나온 살을 부르는 수많은 신조어를 떠올려 보자. 엉밑살, 승마살, 겨살…… 이런 단어는 몸매 관리에 집착하는 사람들 사이에서 자연 발생한 것 같지만 실은 다이어트 산업에서 이윤을 내는 주체들, 피부과, 성형외과, 다이어트 클리닉, 아낌없이 식욕억제제를 처방해 주며 군살에 대한 혐오를 강화하는 각종 광고를 미디어에 뿌려 대는 병원, 혹은 다이어트 보조제 제조사, 피트니스 센터들이 주창해 널리 전파한 것이나 다름없다. 구체적인 신체 부위에 돋보기를 들이대며 살 빼기에 더 집착하게 만드는 것이야말로 그들의 수익 모델이니까. 일상의 언어로 굳어 버린 이 신조어들은 우리 몸을 흠결 덩어리로 정의한다.

연애 초반에는 몸에 대한 자기 검열이 더 빡빡해지면서 가끔은 내 모습을 아이돌이나 배우의 아담한 체구, 바짝 마른 몸에 겹쳐 봤다. '그래, 저 정도는 되어야 남자들이 좋아하지.' '쟤들과 비교하면 난 완전 돼지구만.' 가당치 않은 비교지만 어쩌겠는가. 우리가 살면서 가장 자주 목격하게 되는 여자의 몸, TV와 잡지, 각종 광고판에서 노골적으로 성적 매력을 어필하는 몸은 개미허리와 C컵 가슴을 지닌 잡지 속 외국인 란제리 모델, 손바닥만 한 치마를 입고 골반을 흔드는 여자 아이돌 그룹 멤버인 것을. 미디어에 숱하게 범람하는 비현실적인 이미지들이 머릿속에 차곡차곡 쌓여, 따라야 할 기준으로 고착화되고 우리의 몸도 응당 그래야 누군가의 호감을, 이성의 관심을 끌 수 있다는 생각이 무의식 층위에서 굳어진다.

연애와 다이어트의 상관관계를 떠올리며 기묘하다는 느낌이 든다. 누군가로부터 사랑받기 시작한 것을 계기로 정작 자기 몸을 미워하게 되다니. 연애 초반, 달달한 감상에 빠지면서도 애인 눈에 내 모습이 어떻게 비칠지를 상상했고 조금이라도 더 매력적이었으면 좋겠다는 마음에 엄격한 눈으로 거울 속 내 몸을 주시했다. 상대방의 시선을 상상하며 끝없이 스스로를 대상화하는 것을 피할 수가 없었다. 아니, 그런 강렬한 의식이야말로 사랑의 본질 중 하나인 게 아닐까?

페미니즘 연구자인 김신현경 박사는 이것을 가리켜 "인정의 딜레마"라고 설명한다. 관계는 둘이 맺는 것이기에 대상화를 피할 수는 없다. 성적 욕망의 주체가 되려면 대상이 될 수 있어야 한다는 것이다. 단, 조건이 있다. "사물이 될 필요는 없으며 되어서도 안 된다. 사물은 욕망의 주체가 될 수 없기 때문이다."

하지만 어디까지가 대상화고 어디부터가 사물화인지는 모호하다. 내 신체를 '나'라는 주체와 유리된, 변형해야 할 무언가로 여긴 것이 사물화일까? 허리와 배에, 등과 허벅지에 들러붙은 과도한 부피의 살을 맹렬히 의식하며 깎아 내야 할 것으로 여긴 게 사물화일까?

내가 이렇게 스스로를 집요하게 괴롭히든 말든 상대방 남자들은 자기 몸매에 대해 전혀 개의치 않았다. 데이트 중에 외식하게 될 때마다 나는 절반씩 음식을 남겼고 애인은 반색하며 그릇을 자기 앞으로 당겨 나머지를 먹어 치웠다. 연애 시작 후 점점 말라 가는 나와는 반대로 그들은 오히려 몸매 관리에 대한 관심을 내려놓은 듯 살집이 불어만 갔다. 잡아 놓은 고기에게는 미끼를 던지지 않아도 된다는 심정일까? 마음껏 식욕을 드러내며 몸을 신경 쓰거나 긴장하지 않았다. 마치 몸에서 벗어날 수 있는 특권이 그들에게만 주어진 것처럼.

투실투실 살이 오른 육체가 매력 없는 건 남녀 공히 다를 바가 없다지만, 연애라는 짝짓기 게임에 참여하려는 젊은이들 사이에서 여자들에게 유독 혹독한 무게 기준을 들이대는 건 부정할 수 없다. 실제로 내 주변의 과체중 남녀 중에서 여성들만이 연애 경험이 전무하거나 많지 않았다. 몸무게가 불어날수록 연애 시장에서 여자의 존재감은 희미해지는 것이다.

학창 시절부터 통통한 몸매였던 K는 좋아하는 남자가 생겨 고백을 해도 번번이 차이곤 했다. 상대방은 반쯤은 장난으로, 반쯤은 난감해하며 그녀의 마음을 모르는 척하기 일쑤였다. K는 겉으로는 아무렇지 않게 웃으며 그 경험을 말했지만 어느 순간부터는 누군가를 좋아하게 되더라도 입을 꾹 다문 채 티를 내지 않기 시작했다.

어느 날 친구들 열댓 명이 모인 술자리, 왁자지껄하게 술잔이 돌고 도는 와중에 K는 취기가 오른 듯 발그레한 얼굴로 내 옆에 앉더니 귓속말로 "나이트클럽에서 처음 만난 남자와 원나잇을 했다"고 털어놨다. 그것도 여러 번이나. 물론 자기 선택이었지만 K는 수치심을 느끼는 한편 그 남자들로부터 은근히 애정을 기대하고 있었다. 그러면서도 마음속 깊은 곳에서는 외모 때문에 그들로부터 여자로서 사랑받을 수는 없을 거라는 슬픈 체념의 감정이 솟아나는 모양이었다. 내게는 그녀가 불안한 관계에 자꾸 뛰어드는 것이 몸에 대한 좌절감, 애정에 대한 갈망이 복잡하게 뒤섞인 결과처럼 보였다.

적정 몸매를 유지하지 못한다면 사랑받을 수 없다. 불어난 몸은 나태와 탐욕의 증거이며 비만을 방치한 사람은 결국 성애의 대상에서 제외된다. 여자의 외모를 매력의 절대적 요소로 보는 대부분 남자는 과체중 여성을 호감의 대상으로 여기지 않으니까. 내가 한창 다이어트 강박에 시달리던 20대 때에만 해도 TV 프로그램들이 뚱뚱한 개그우먼을 추녀로 묘사하며 남자들로부터 외면을 받는 장면을 수없이 재현하며 그들을 여성성이 전무하거나 혹은 여성성을 주장해서는 안 되는 존재로 비쳤다. 외모 차별을 기꺼이 개그 요소로 써먹던 야만의 시절이었다. 요즘이야 자신의 몸을 있는 그대로 긍정하는 연예인들이 오히려 멋있다고 찬사를 받지만 말이다.

사회적으로 통용되는 미의 기준에 부합하는 상대에게 더 호감을 느끼는 게 당연하지만, 남자 쪽이 훨씬 더 여성의 외모에 가중치를 부여한다는 일반적인 셈법 때문에 다이어트 압박은 아무래도 여성 쪽을 더 무겁게 짓누른다. 체중과 매력과의 반비례 관계를 강하게 의식했던 나는 애인이 생길 때마다 아등바등 다이어트를 했다. 데이트 와중에도 접시 위의 음식을 정확히 수저로 이등분해 절반 이상은 먹지 않는 건 물론이고 공깃밥을 나눈 수저에 묻은 밥알 개수마저 셀 기세로 신경을 곤두세웠다. 무심코 마시는 음료 하나마저 제품에 칼로리 숫자를 헤아려 하루 섭취의 총량을 계산했다. '막 시작된 연애'라는 관계는 설레면서도 약간의 불안감이 깃든 것이라 남녀는 날개를 활짝 편 공작새처럼 한껏 매력을 발산해 상대의 마음을 사로잡으려 한다. 체중계의 숫자야말로 유일하게 수치로 확인할 수 있는 내 육체적 매력의 '점수'이기에 그 숫자가 얼마나 줄어드느냐에 따라 자신감이 좌우됐다.

남편을 처음 만났을 때 내 체중은 최저점을 찍고 있었
는데, 그는 가끔 내 손목과 팔뚝을 만져 보며 걱정스러운
말투로 말하곤 했다. "자긴 너무 말랐어."

　　하지만 그 말에 희미하게 묻어나는 만족감과 찬사의
어감을 나는 놓치지 않았다. 파스타를 절반도 채 먹지 않
고 포크를 내려놓는 내게 "제발 좀 더 먹어"라고 말하면서
도 은근하게 감탄하는 기색을 봤다. 정결하게 소식하며 식
탐 따위는 보이지 않는 것, 성실히 자기 관리를 해 날씬한
몸매를 유지하는 것이야말로 여성스러움이다. 식욕이라
는 욕구를 억누르며 허기라는 갈망의 상태를 드러내지 않
을수록 욕망의 대상으로서의 매력은 더 올라간다.

　　그런데 내게 '먹기'를 독려하던 그는 정말 나를 걱정한
것일까, 아니면 그저 염려를 가장한 칭찬이었을까? 그의
말대로 내가 살이 좀 더 찐다 해도 그는 의식하지 않거나
정말 오히려 더 보기 좋다고 생각했을까?

　　솔직히 나를 만난 남자들이 내 몸매를 얼마나 의식했
는지는 잘 모르겠다. 대놓고 내 몸을 지적하고 살을 빼라
고 핀잔을 줄 만큼 상식 이하의 인간들은 아니었으니까.
어쩌면 그들이 신경 쓰는 것 이상으로 내가 괜스레 더 지
나치게 몸무게를 의식하고 이상적인 몸이 되고자 집착했
던 건지도 모른다.

남자의 시선 앞에서 나는 한없이 가늘어지고 얇아지고 싶었다. 그가 한 팔로 내 허리를 감을 때 쏙 들어갈 수 있게, 나를 껴안을 때 작고 가냘프다고 느낄 수 있게. 그건 사회가 들이대는 미적 기준에 도달하고픈 내 사적인 열망인 동시에 마른 여자를 좋아하는 남자들의 욕망이 내면화된 것이기도 했는데, 그 두 가지는 뒤섞이고 엉켜서 각기 구분되지 않았다.

남자들이 마른 여자를 좋아하는 건 그저 심미적인 차원을 떠나 남성성을 규정하고 강요하는 이 사회 관념과도 무관하지 않다. 남자들은 여자보다 육체적으로 우위에 있어야 한다, 더 크고 강한 몸이어야 한다는 고정관념이 남녀 양쪽을 속박하는 거다. 상대 여성의 몸이 남성보다 작을수록, 보호해야만 할 가냘프고 연약한 육체일수록 남자의 남성성은 더 강하게 재확인된다.

그것은 성적인 욕망을 구현해 내는 포르노그래피에서 노골적으로 나타난다. 고등학교 시절, 인터넷에서 몰래 찾아 본 성인물 영상 속 여자들은 하나같이 마르고 작아서 압도적으로 큰 남자의 몸 아래에 깔려 신음하고 있었다. 쏙 들어간 배와 잘록한 허리, 밥공기를 엎어 놓은 것처럼 완벽하게 동그란 가슴. 조금이라도 살집이 있는 여성은 절대 포르노에 등장하지 않는 게 불문율인 것 같았다. 팬티 위로 뱃살이 튀어나오거나 허벅지가 굵은 몸은 등장하지 않는다. 반면 남자들의 몸매는 그야말로 각양각색, 흠투성이었다. 두꺼비같이 생긴 중년의 남자는 뱃살을 출렁이며 피스톤 운동을 반복했고 멸치처럼 볼품없이 깡마른 남자조차 헐떡이며 자기 욕망을 채웠다. 그 움직임에 맞춰 가느다란 여자는 종잇장처럼 힘없이 펄럭거렸다.

미디어에서 '보여지는' 연예인들의 이상적인 몸이 내게 충족해야 할 기준으로 다가왔듯, 포르노 속 남녀의 성애의 장면들은 현실의 몸에 대한 관념에도 강렬한 영향을 미친다. 여자에게는 '압도당하는 몸'의 의무가 주어지는 것이다. 우리 몸을 긍정하며 자신의 욕망, 허기를 마음껏 채우는 자유로움보다, 남성성을 재확인하려는 남자들의 욕망의 여파가 내 안에서 더 큰 지분을 차지하게끔 허용했다. 내 욕망의 우선순위는 밀려나고 그 빈자리를 상대의 욕망이 차지한다.

날씬한 몸을 향한 욕심은 사회문화를 배경으로 다양한 주체의 요구와 욕망이 씨줄과 날줄로 엮여 완성된 것이지만, 사실 그때 내겐 그게 어디서 어떻게 연유했는지는 중요치 않았다. 그저 작고 가느다랗게 됨으로써 사회가 인정하는 '여성미'를 갖추고 싶었을 뿐.

샘솟는 허기를 꾸깃꾸깃 억지로 짓누르고 식욕을 외면하고 굶주린 채 러닝머신 위에서 달렸다. 체중계 숫자가 줄어든 날은 발걸음도 가볍게 애인을 만나러 갔지만 조금이라도 무게가 늘어난 날은 그를 만나기조차 싫었다. 0.5kg 차이가 눈에 보일 리 만무한데도 거울에 비친 모습이 며칠 전보다 훨씬 거대해진 것처럼 보였고, 어제만 해도 아무렇지 않게 입던 바지와 티셔츠가 꽉 끼어 숨이 갑갑했다. 체중계 숫자에 대한 집착과 강박이 내 신체 감각을 미묘하게 왜곡시킨 것이다. 다이어트 성공 경험조차도 내게는 독이었다. 한때 앙상하게 말랐던 몸을 잣대로 들이대며 조금만 살집이 붙어도 스스로를 격렬하게 미워하곤 했으니까.

내 인생을 지배하는 '길티 플레저'

클리닉을 부지런히 방문한 덕분에 체중은 쭉쭉 하강 곡선을 그려 2개월 만에 4kg이 빠졌다. 지난번 다이어트만큼 7~8kg씩 빠지진 않았다는 점이 꺼림칙했지만 이게 어딘가. 한동안 멀리하던 인터넷 쇼핑에 열중하면서 그를 만날 때 입을 짧은 치마와 몸에 딱 붙는 티셔츠를 미친 듯이 사들였다. 쇼핑몰의 유치한 홍보 문구, "남친 반응 너무 좋아" "봄 데이트용으로 딱이야" 등등 남자들의 취향 저격을 강조하는 문장을 애써 외면하며 결제 버튼을 눌렀다.

한편 그는 하루가 다르게 말라 가는 나를 보며 고개를 갸웃거렸다.

"갈수록 살이 빠지는 것 같네요."

난 뻔뻔하게도 영문을 모르겠다는 표정을 지으며 "그러게요. 요즘 통 식욕이 없네요"라고 답했다. 그러고는 불판 위에서 먹음직스럽게 지글지글 구워지고 있는 고기를 깨작깨작 뒤적이고 마지못해 한두 점 집어 먹는 거다.

그렇게 다이어트로 난리법석을 피우면서도 누군가 체중 이야기를 꺼내면 최대한 초연한 모습을 보였다. 외모 꾸미기에 절박하게 구는 사람으로 보이는 건 영 초라하니까. 있는 그대로 원래 날씬한 '자연 몸매'인 척 그 앞에서는 다이어트의 '다' 자도 꺼내지 않으면서 타고나길 식탐이 없고 허기도 느끼지 못하는 사람처럼 굴었다.

몸에 대해서는 무심함을 가장했고 그를 향한 내 감정도 애써 숨겼다. 상대의 마음을 얻고 싶어서, 날씬해지고 싶어서 발을 동동 구르면서도 막상 그 앞에서는, 혹은 사람들 앞에서는 그것들을 감추기 바빴다. 먼저 솔직하게 다가가지 못했던 건 소위 여자가 먼저 고백해서는 안 된다는 말도 안 되는 고리타분한 생각 때문이었다. 그가 내게 여자로서 관심이 없다면 고백하고 나서 무척 무안해질 것이고 친구로나마 유지하던 사이도 멀어질 게 뻔하다. 내가 먼저 적극적으로 다가가는 것에 부담을 느껴서 내게 갖던 조금의 흥미나마 잃을지도 모른다. 여자는 사랑을 쟁취해서는 안 된다. 남자가 열정이 솟구쳐서 나를 쟁취하도록 만들어야 한다. 다이어트를 해서 몸을 가늘게 만드는 것도, 내 마음을 숨기며 짐짓 아닌 체하는 것도 욕망의 '대상'으로서 온전하기 위함이었다.

하지만 이런 나의 피나는 노력과는 무관하게 그와의 관계는 딱히 대단한 진전 없이 답보 상태에 빠져 있었다. 어느 날, 또 이런저런 핑계를 대서 그와 저녁을 먹던 와중에 그가 멋쩍은 듯 말을 꺼냈다.

"저…… 소개팅시켜 주세요."

그건 그냥 지나가는 말이 아니었다. 진심이었다. 애초에 그에게 나는 연애 상대로 전혀 고려되지 않은 사람이었던 것이다. 무언가 와장창 깨지는 듯한 감각이 가슴속에 울려 퍼졌고 그렇게 나의 짝사랑은 그 숱한 노력이 무색하게도 끝이 났다.

그를 쫓아다니는 동안 약물과 시술을 동원해 살을 빼면서도 그게 뭐 어떠냐 싶었다. 부작용도 없고 효과만 좋았으니까. 하지만 몇 년이나 지난 지금 생각해 보면 그 경험은 몸보다도 심리, 몸에 대한 관념에 흔적을 남겼다. 식욕이라는 본능적 욕구를 약물로 손쉽게 조절하고, 시술 몇 번으로 몸의 실루엣을 변화시키다 보니 몸을 편의에 따라 내 감각과 떨어뜨리고 작게 줄이는 걸 어느새 당연한 일로 여기게 된 것이다. 하지만 감각을 벗어난 몸이 내 몸이라고 할 수 있을까? 그 몸이 해낸 것을 나의 성취로 볼 수 있을까?

내가 했던 체중 감량은 온전한 통제력과 절제하는 힘을 발휘해 얻어 낸 결과가 아니었고, 매번 약을 이용하는 바람에 그런 힘을 기를 기회조차 스스로 박탈했다. 그래서 '반칙'을 써서 살을 빼고 싶다는 열망에 항상 시달려야 했다. 새로운 버전의 다이어트약과 시술은 하루가 멀다 하고 계속 출시됐고 성능과 지속성 면에서 개선됐다고 광고하며 더 강한 유혹을 던졌기 때문이다. 현대인들이 몸매 관리에 목을 매는 이상 이 분야는 언제까지나 노다지 밭이기에 제약사, 의료업계, 피트니스 업체들은 계속 신제품 개발에 매진해 꾸준한 결과를 내고 있다.

최근 다이어트 업계를 평정한 삭센다, 오젬픽, 위고비 같은 비만 치료 주사제들만 봐도 그렇다. 이 약물들은 GLP-1호르몬 유사체를 포함해서 인슐린 분비를 촉진해 혈당을 올리는 글루카곤 호르몬을 억제하고, 뇌의 포만중추를 자극해 식욕을 떨어뜨린다. 삭센다가 처음 등장해 선풍적인 인기를 끌기 시작한 때부터 나는 그걸 내 몸에 한 번 시험해 보고 싶어서 안달이 났다. 예전에 먹던 식욕억제제와는 달리 몸에 부정적 영향 없이 식욕만 낮춰서 살만 빼게 해 주는 기적의 약이 드디어 나타난 것 아닐까?

그렇게 수년간 망설여 오다가 지난해 겨울, 체중계에 나타난 절망적인 숫자를 또 보고 경악한 끝에 삭센다를 처방받으러 기어이 병원으로 달려갔다. 하지만 두 달간 매일 배에 주삿바늘을 스스로 꽂아 넣는 고역스러움을 감행한 끝에 나처럼 정상 체중 범위의 사람에게는 별 효과가 없다는 임상 사례를 입증한 것에 그치고 말았다. 살은 그다지 빠지지 않았고, 소화불량에 메스꺼움 같은 부작용은 예전에 먹던 알약보다 훨씬 더 심했다. 나는 참담한 기분으로 남은 약을 쓰레기통에 버렸다.

내가 처음으로 식욕억제제를 먹은 십수 년 전부터 지금에 이르기까지 우리 사회에 페미니즘의 물결이 휩쓸고 지나간 덕분에 여성의 몸에 대한 인식을 다루는 많은 논의가 오갔다. 사람들의 관념도 크게 바뀌었다. '보디 포지티브body positive'라는 말처럼 있는 그대로 몸을 사랑하자는 목소리가 높아지더니 누군가는 몸을 굳이 사랑해야 하느냐고, 몸은 몸일 뿐이라고 반문했다. 어느 순간 내가 만나는 여성들은 하나둘 화장을 하지 않게 됐다. 그들은 여름이 되어도 발톱에 페디큐어를 칠하지 않고, 굽 높은 신발도 벗었으며, 다이어트를 잊었다. 외모에 대한 채울 수 없는 열망이나 여성성을 수행하려는 의무를 제각기 내려놓고 가뿐해진 그녀들은 세상이 쳐 놓은 빽빽한 그물 틈으로 벗어나 자유로워졌다.

그런데 나는 도무지 내 몸을 있는 그대로 사랑할 수가, 아니 사랑은 고사하고 좋아할 수조차 없었다. 무심하게 구는 것도 어려웠다. 그물 사이로 달아난 여자들 등을 보면서 어떻게 이 모든 옭아맴으로부터 자유로울 수 있는지 궁금해졌다. 그들처럼 자유로워지고 싶어 하면서도 세상이 아름답다 말하는 몸을 갖고 싶은 욕심도 버리지 못했다.

특정 미의 기준에 맞추도록 강제하는 사회적 요구가 부당하다는 사실은 알게 됐지만, 아는 것과 그걸 내면화해서 자연스럽게 실천하는 것은 완전히 다른 문제였다. 내가 숨 쉬며 살아온 사회에 분진처럼 존재하는 관념들이 내 안의 가치관으로 단단하게 쌓여서 하루아침에 유연하게 바꿀 수가 없었다. 그건 언제든 내 선택에 따라 열고 나갈 수 있는 문이 아니라 절대 무너지지 않는 벽이었고, 거기에는 실패한 몸과 성공한 몸을 구분하는 경계선이 새겨져 영원히 지워지지 않을 것만 같았다.

게다가 여성들의 격분이 몇 차례 휩쓸고 지나간 것에 비하면 사회 현실은 그다지 많이 바뀌지 않았다. 여성의 인권과 자유를 말하는 목소리가 하나 더 보태어졌을 뿐, 이상적인 몸을 규정하는 목소리와 시선은 줄어들기는커녕 오히려 더 늘어났다. TV 속에 나오는 여자들의 몸이 10년 전과 지금 어느 쪽이 더 획일적인지를 생각해 보라. 이제는 SNS에 각자의 몸을 전시하는 시대를 맞아 일반인도 자신을 TV 속 연예인 몸처럼 만들어 사진을 찍어 올리고 성공적인 다이어트 비법과 살이 빠진 후 달라진 인생에 대해 설파한다. 이런 것들에 매일 노출되는 내가 몸에 대한 집착에서 풀려나기는 요원해 보인다.

하루는 식당에 갔다가 옆 테이블에 앉은 70대로 보이는 여성 노인들의 대화를 듣게 되었다.

"이 메뉴는 양이 너무 많을 것 같은데?"
"아휴, 요즘 많이 먹어서 큰일이야."

그러면서 살집이 붙어 걱정이라는 말을 서로 주고받았다. 나는 중년에 접어들어서도 다이어트에 애쓰는 스스로가 한심했는데 살 걱정은 나이 불문인 모양이다.

언젠가 초등학교 5학년인 딸아이가 샤워를 마치고 나

와 자기 배가 나온 것 같다며 봐 달라고 했다. 아이는 과체중은 고사하고 말랐다고 해야 맞는 편에 속하는 몸인데 어째서 그런 말을 하는 걸까. 딱 저 나이 때 비슷하게 말랐던 나는 단 한 번도 배가 나왔다느니 하는 생각을 해 본 적이 없었고, 몸에 대한 걱정은 고등학생이나 되고서야 시작됐던 것 같은데. 요즘 아이들이 많이들 그러하듯 딸아이도 이미 몸에 대한 불만이 시작된 걸까.

하긴 그건 다름 아니라 부모인 내 영향일지도 모른다. 약을 끊은 지 10년이 지나서도 다시 약물을 통한 체중 감량을 시도할 정도로 다이어트의 달콤함에 대한 열망은 한 번도 그친 적이 없다. 날씬해져서 '더 나은 사람'이 되어 본 강렬한 경험이 한번 뇌리에 각인되자 다이어트는 내 라이프스타일 그 자체가 되어 버렸다. 닿을 듯 닿지 않는 몸무게를 향한 부단한 노력, 마치 매일의 날씨를 체크하듯 체중계로 출발하는 하루. 그 숫자의 감소와 증가야말로 나 자신에 대한 만족과 불만족, 내 삶의 행복과 불행을 좌우했다. 그 무게야말로 내가 추하게 탐욕을 부리며 나태했는지, 아니면 성실하게 절제를 발휘하며 살았는지 판별하는 척도였다.

체중 감량, 그 성취가 인생에서 이룬 그 무엇과 비할 수 없을 정도로 뿌듯하고 자랑스러우면서도, 한편으로는 사회의 시선과 압력에 굴복했다는 패배감, 강박적으로 전전긍긍하다 못해 건강하지 못한 방법까지 동원한 스스로에 대한 실망이 수치심을 넘어 죄책감으로까지 이어졌다는 걸 떠올려 보면 성공한 다이어트는 내 인생을 지배하는 '길티 플레저'였다. 그 기쁨을 잊지 못해 식욕을 억눌러 몸을 바꾸려 시도해 봤지만 오히려 욕구 억제의 반작용으로 식탐이 폭발했고, 그것은 결국 또 다른 집착을 빚어냈다.

배달 음식

내 손안의 쾌락과 나락

신혼이던 서른 살의 어느 봄, 달력을 보다가 문득 내 몸에 이상(?)이 생긴 걸 깨달았다. 반쯤 혼이 나간 채 약국으로 달려가 임신테스트기를 샀다. 결과는 두 줄. 임신이었다. 도무지 믿어지지가 않아서 집 앞 산부인과로 뛰쳐나갔다.

"임신 맞으시네요."

의사는 초음파 영상에서 흰색 작은 점 하나를 가리키며 말했다. 두 눈으로 보는데도 현실감이 없었다. 결혼한 지 얼마 되지 않은 터라 임신은 계획에도 없었는데! 혼란에 휩싸여 병원을 나서서 멍한 채 터벅터벅 동네 거리를 걸었다. 그때 마침 저 앞 건물 1층의 버거킹이 눈에 띄었다.

나는 홀린 듯 가게로 들어갔다.

"베이컨더블치즈버거, 세트로 주세요."

햄버거, 그것도 개당 500kcal가 넘는 베이컨더블치즈
버거에 감자튀김까지 곁들이면 총 1,000kcal도 넘는데 그
걸 단 한 끼에 먹어 치우다니. 평소 같으면 상상도 할 수
없는 행동이다. 패스트푸드점에 와 본 것도 얼마 만인지
모르겠다. 예전에 가끔 포장을 해 가서 먹을 때에도 절대
한 개를 다 먹는 법이 없었다. 정확히 와퍼 한가운데를 갈
라 300kcal에 해당하는 절반만 먹고 나머지는 미련 없이
버렸다.

하지만 이제 난 임산부니까, 배 속 아기를 위해서라는
명목이 있으니 몸매를 신경 쓰지 않아도 된다! 지금부터
는 뭐든 내가 먹고 싶은 대로 양껏 마음껏 먹을 수 있다!
베이컨더블치즈버거의 포장지를 벗기며 군침을 삼켰다.
임신과 출산의 두려움마저 잊은 채 버거의 고기 기름과
육즙, 치즈의 고소함, 소스의 감칠맛을 만끽하며 한 입 한
입 황홀한 기분으로 먹어 치웠다. 그러니까 나는 남편에게
임신을 알리는 전화를 하기도 전에 햄버거부터 찾았던 거
다. 몇 년 만에 처음으로 죄책감 없는 식사를 마치고 생각
했다. '이제 (당분간은) 지긋지긋한 다이어트는 끝이다!'

10년이 지난 지금도 나는 그날의 햄버거 맛이 생생하

게 기억난다. 그날의 일화를 떠올릴 때마다 내가 먹는 것에서 얼마나 큰 쾌락을 얻는 사람인지, 그럼에도 그걸 억제하기 위해 얼마나 버거워하며 사는지 절감하는 것이다. 이런 내가 자주 애용하면서도 통렬하게 저주하는 존재가 있으니 바로 배달 앱이다.

매일 밤 11시, 인간이 가장 출출해지는 시각. 배 속 가득 차오르는 허기를 못 이겨 나는 거실을 이리저리 서성인다. 먹느냐, 마느냐! 이것은 유사 이래 어느 때보다 풍요로운 식생활을 즐기게 된 현대인들에게 가장 심각한 고민 중 하나다. 집 근처에는 배달 식당이 즐비하고 스마트폰에는 배달 앱이 설치되어 있으니 단지 몇 번 터치하는 것만으로 30~40분 내에 따끈따끈 맛있는 음식을 집에서 편히 받을 수 있다. 다음 날 아침 무자비하게 올라가 있을 체중계의 숫자와 불룩 튀어나올 뱃살을 생각하면서 머리를 세차게 흔들어 보지만, 결국은 배달 앱의 유혹에 져서 어플을 열고 각종 먹음직스러운 음식의 이름들을 들여다본다. "그냥 보기만 할 거야!"

하지만 먹어 본 맛이 무서운 법. 때깔도 좋게 올려놓은 음식 사진들을 보는 순간 입에 침이 가득 고이면서 '내가 아는 그 맛'이 뇌에서 자동 재생된다. 살코기가 야들야들한 뼈해장국, 칼칼한 맛이 입맛 당기는 김치찜, 바삭바삭한 입 베어 물면 고소한 기름이 배어 나오는 치킨 생각이 간절해진다. 다이어트를 한답시고 저녁을 샌드위치 한 쪽으로 때웠더니 허기는 그 어느 때보다 강렬하게 끓어오른다. 성난 회오리처럼 배 속에 휘몰아치는 감각이 나를 불안과 초조함으로 내몰았고, 맛있는 제물을 바쳐야만 비로소 잠잠해질 것을 깨달았다. 음식을 집어삼키는 그 순간 입 속 가득 퍼지는 황홀한 맛, 배 속 가득 포만감이 차오르며 느껴질 쾌감을 상상하다가 문득 정신을 차리고 머리를 흔든다. "안 돼, 그러지 마!"

허기의 힘과 내 의지력이 엎치락뒤치락하다 '핑' 하고 통제력의 선이 끊어지고, 물밀듯 밀려든 충동에 굴복하고 만다. 어느 틈에 내 손가락은 배달 앱을 열고 내 눈은 분주하게 음식점들 목록을 훑는다. 조금 전까지의 치열한 갈등 따위 없었던 것처럼 입맛을 쩝쩝 다시며 어떤 음식을 주문할지 행복한 고민에 빠지는 것이다. 이윽고 30~40분 후 현관문 벨이 울리고 배달 기사로부터 한 손 가득 음식을 받아 들고 와서는 밥상 가득 차려 놓는 것으로 하루의 마무리를 장식한다.

문제는 배달 앱이다. 내 스마트폰 화면 가장 앞자리를

차지한 개미지옥, 강력한 덫. 허기의 고통을 부채질하고 과식과 탐식에 불을 붙이는 존재. 그저 앱을 열고 몇 번 터치하는 것만으로 동네 수백 군데 식당의 메뉴를 한 시간 만에 대령해 주는 그 마법 같은 편리함.

배달 앱이 없던 시절을 생각해 보자. 동네 식당 전화번호가 실린 정보지를 뒤적거려 봐야 치킨, 피자나 중국집, 족발 따위의 뻔한 메뉴들뿐인 데다 전화를 걸어 주문하고 현금을 준비하는 과정이 성가셔서라도 그만두곤 했다. 하지만 10여 년 전 배달 앱이 등장하며 도시인들의 식생활은 완전히 바뀌었다. 홍보 목적으로 배달 앱에 가게 정보를 등록하는 업주들이 급증했고, 배달 기사와 식당을 연결해 주는 대행업체가 많아지면서 더 많은 가게가 배달 서비스를 시작하게 된 것이다. 외식업계 경쟁이 치열해져 돌파구가 필요했던 이유도 있다. 배달 앱 기능 덕분에 주문과 결제가 훨씬 편리해진 터라 소비자들 사이 배달 수요는 급증했다. 대표 서비스인 '배달의 민족'의 경우 2015년 거래액 1조 원을 넘어선 것이 2020년에는 15조 원 규모로 늘었다. 물론 여기에는 1인 가구와 맞벌이 가구의 증가, 팬데믹의 영향도 크게 작용했을 것이다.

하지만 이렇게 새로 등장한 도구의 편리함이야말로 '소식의 미덕'을 발휘해야 하는 우리를 갈등의 갈림길로 떠민다. 지나치게 풍족한 식생활의 대가로 비만과 성인병의 위협에 시달리는 우리는 체중 감량을 위해 상시 노력하고 있는데, 하필 어떤 음식이든 배달 가능한 환경에서 살아가야 한다니 너무 가혹한 운명 아닌가! '먹는다'는 행위에 어느 때보다 신중을 기해야 하는 시대에 원하는 것을 언제든 먹게 해 주는, 차원이 다른 서비스가 등장하면서 식생활과 섭식 패턴에는 일대 지각변동이 일었고, 욕망과 절제 사이에 전에 없이 첨예한 갈등의 불꽃이 튄다.

이렇게까지 장황하게 배달 서비스에 대한 애증을 드러내는 것은 내가 바로 배달 앱의 노예였기 때문이다. 무료한 하루를 보내면서 나는 틈틈이, 윤동주 시인이 동무들 이름을 떠올리던 것처럼 음식 이름 하나하나를 머릿속으로 헤아렸다. 감자탕, 떡볶이, 김치찜, 치킨…… 그 이름을 호명할 때마다 식욕은 부푼다. 피자, 탕수육, 마라샹궈…….

쓸데없는 지출이 싫어서, 고칼로리 음식을 먹고 살이 찔까 봐 두려워서, 먹고 싶은 욕구를 하루 종일 끙끙대며 참아 봤지만 저녁 먹을 시간이 되면 결국 '에라, 모르겠다!'며 배달 앱을 여는 것이 하루 패턴이 될 지경이었다. 1주일에 두세 번씩 주문하던 것이 매일로 늘었고, 어떤 날은 하루의 모든 끼니를 배달로 해결하기도 했다. 재활용 쓰레기통은 일회용 용기로 꽉 차다 못해 흘러넘쳤다.

급기야 통제력을 잃고 절제가 불가능해진 이 느낌이 중독이라도 된 것처럼 느껴졌다. 물론 나도 지각 있는 사람인지라 배달 주문을 하기 전에 갈등이 전혀 없는 건 아니다. 바로 먹을 수 있는 음식과 식재료들이 냉장고에 충분히 있는데 굳이 돈을 써 가며 시켜 먹을 이유가 뭔가! 하나같이 자극적인 고칼로리 음식이라 건강에도 나쁠 텐데. 기껏 시킨 음식이 맛없을 확률도 높으니 관두자. 시켜 먹는다, 관둔다, 두 개의 선택지 사이에서 욕망과 이성은 한 치 양보 없이 맞서고, 머리를 쥐어뜯으며 고민을 해 봐도 배달 앱을 열고 그 먹음직한 음식들 목록을 들여다보는 순간 이미 마음은 어찌할 도리도 없이 시켜 먹는 쪽으로 기울고 마는 것이다.

단절과 중독의 상관관계

어느 날의 해 질 무렵, 나는 여느 때처럼 부엌 식탁에 앉아 배달 앱을 열고 눈동자를 굴리다 문득 불현듯 생각했다.

'대체 뭐가 문제지?'

고개를 돌려 싱크대 위 가득 쌓인 설거짓거리들을 바라봤다. 사흘치 정도는 되어 보인다. 화장실 옆에 놓인 빨래 바구니에는 며칠 동안 쌓인 빨랫감이 봉긋한 봉분을 이루고 있었다. 닦고 씻고 정리하고…… 가사 노동을 무한한 굴레처럼 반복해야만 집안 살림을 멀끔하게 유지할 수 있다는 걸 알면서도 나는 흘러가는 시간 속에 무기력하게 주저앉은 채 손을 놓기 일쑤였다. 가정의 일상을 유지, 보수하는 노동은 그 수고로움에도 불구하고 눈에 두드러진 결과물이 없으니 그저 한없이 투명한 채로 남을 뿐이었다. 그걸 해낸다 한들 내겐 어떤 보람도, 성취도 담보되지 않았다. 해야 할 일이 쌓이고 쌓이고 또 쌓이면 그제야 마지못해 엉덩이를 일으켜 간신히 사흘치 설거지를 하고 나흘치 빨래를 돌리곤 했다.

그래도 밥은 먹어야 하니 끼니 챙기기를 미룰 수는 없다. 식사 준비를 할 때마다 나는 한국에 태어난 것을 저주하는 말을 중얼거린다. 한식 상차림의 엄격한 기본 구성을 떠올려 보자. 쌀밥에 몇 가지 찬과 국, 주요리 한두 가지 정도는 갖춰야 우리나라에서는 제대로 된 밥 한 끼 대접을 받는데, 그러려면 채소를 썰어 국을 끓이고, 나물거리를 씻어 데치고 무친 다음 고기를 양념해서 볶거나 생선을 구워야 한다. 그 과정에서 온갖 소스와 기름, 양념 재료가 동원되는 것은 물론이다. 밥을 먹고 나서는 또 각종 도구와 밑 재료들로 어질러진 부엌을 정리하기 위해 소스병 등의 물건들을 제자리에 돌려놓고 설거지와 음식물 쓰레기 처리 등을 해치워야 한다. 식기는 또 용도별로 모양이 제각각인 데다 요리에 사용하는 냄비와 팬만 서너 개씩 되니 설거지가 보통 애먹는 일이 아니다.

가끔 미국이나 유럽 드라마나 영화를 보다가 가정에서

식사하는 장면이 나올 때면 그 식단의 빈한함에 놀란다. 커다란 볼 가득 담긴 스파게티와 샐러드, 매쉬드 포테이토나 담아 놓고 각자 그릇에 덜어 먹는 게 전부라니 너무 성의 없는 게 아닌가 싶다. 하긴 애당초 시리얼 따위를 한 끼 식사로 치는 사람들이니 저 정도면 호화 만찬이겠다. 하지만 식탁을 차리고 치우는 사람 입장에서 보면 그렇게 부러울 수가 없다. 음식 만들기가 간단한 건 물론이고 설거지도 한국 가정집 한 끼 분량의 반의반도 안 나올 것이다.

우리나라와 같은 유교 문화권에 속하는 중국은 손꼽히는 미식의 나라지만, 아침밥마저 밖에서 사 먹을 정도로 외식이 잦아 아예 주택의 부엌도 작게 설계할 정도다. 공산주의 정치 체제에 따라 유교주의와 가부장제를 타파해 가사 노동에 얽매였던 여성들을 해방시키고 생산노동에 투신하도록 독려한 결과다. 지역에 따라 다르긴 하지만, 워낙 일하는 여성이 많다 보니 베이징과 상하이 같은 중국 대도시 가정에서는 오히려 남성이 식사 준비를 담당하는 경우가 많다고 알려졌다.

한국인들로 말할 것 같으면 "밥 먹었냐"가 안부 인사일 정도로 매 끼니 식사에 진심인 사람들이다. 음식 소비량만 봐도 알 수 있다. OECD 조사 결과 2018년 기준 한국의 1인 평균 수산물 연간 소비량은 68.1kg으로 전 세계 1위에

빛난다. 해산물만 유독 많이 먹는 것도 아니다. 1인당 육류 연간 소비량은 2014년 OECD 조사 결과 51.3kg으로 아시아 1위다. 그것도 2022년 한국농촌경제연구원 조사에서는 58kg으로 더 늘었다. 온갖 채소 조리법이 발달한 나라답게 풀도 많이 먹어서 UN 식량농업기구가 2020년 집계한 자료에 따르면 우리나라 1인당 채소 소비량은 전 세계에서 12위로 상위권이다. 한 끼 밥에도 반드시 국, 요리, 반찬을 올려 구색을 갖추는 한국인들은 풍족하고 맛있는 식사에 대한 욕구가 높다 보니 종류를 가리지 않고 다양하게 많이 먹는 듯하다.

문제는 다양한 식자재를 사용해 많은 양의 음식을 차려 내기 위해 필요한 가사 노동이 대개 여성에게만 돌아간다는 점이다. OECD가 발표한 세계 노동 통계에 따르면 한국 남성은 하루 평균 무급 노동, 즉 가사 노동에 하루 49분을 쓰는 반면 한국 여성은 224분을 가사 노동에 썼다. 무려 2023년의 통계다! 맞벌이 가구는 지속적으로 늘어나는 가운데 여성에게 편중된 가사 노동량은 줄어들 기미가 보이지 않으니 청소 도우미, 배달 앱 같은 '가사 노동 아웃소싱' 사업이 흥하는 것도 당연해 보인다.

나로 말할 것 같으면 미식가이자 대식가인 주제에 솜

씨는 없고 게으른 주부라 이런 아웃소싱 서비스에 적극 의존했다. 반찬 가게에서 산 국과 나물을 올리고, 조리는 고기를 볶거나 밥솥에 밥을 안치는 정도만 하는데 그마저도 성가셔 죽을 지경이었다. 어떨 때는 밥 한 끼 차리는 데 따라오는 그 모든 노동, 이것저것 볶고, 끓이고, 담아내고, 덜어 내고, 차리고, 치우고, 씻는 상상만으로 압도되는 바람에 요리를 시작할 엄두도 못 내고 끙끙 앓다가 기어이 배달 앱을 켜곤 했다. 그렇게 고생해서 서투르게 만들어 봤자 내가 한 음식은 늘 밍밍한 맛만 났기 때문이다.

배달 앱만 있다면 장을 봐서 식재료를 준비하지 않아도, 한 시간씩 부엌에 서서 부산 떨지 않아도 몇만 원 카드 결제만 하면 해물찜이며 갈비찜이며 보기 좋고 맛도 좋은 요리가 문 앞에 도착한다. 식사 후에도 냄비며 그릇이며 닦을 것 없이 일회용기를 버리기만 하면 오케이. 이토록 간편한 문명의 이기를 어떻게 거부할 수 있겠는가.

다만 '집밥'의 가치를 절대적으로 맹신하는 한국인 중 한 명으로서 배달을 시킬 때마다 몸은 편할지언정 마음은 영 어수선하다. '배달 음식은 조미료, 설탕이 많이 들어간 데다 재료의 질도 직접 산 것만은 못할 텐데.' '직접 만들어 먹으면 이것보다 훨씬 싸고 배달비도 안 들 텐데.' 가사 노동을 외주 줄 때마다 대부분의 주부가 느끼는 죄책감과 부채감이 마음을 콕콕 찌른다.

　사실 나처럼 자주 배달시키는 사람들이 꼭 배는 고픈데 노동이 귀찮아서 그러는 것만은 아니다.

　우리는 식사라는 행위에서 단순히 주린 배를 채우는 취식뿐만 아니라 도락적 차원에서의 미식까지 기대한다. 하지만 보통 가정에서 먹는 끼니란 '어떤 맛있는 것을 먹을지'보다 '무엇을 먹어야 하는지'로 결정되는 경우가 많다. 냉장고에서 상하기 직전까지 방치된 애호박과 두부, 남아도는 젓갈 등을 '해치우는' 느낌으로 저녁상을 준비하는 것이다. 그러나 외식을 하게 되면 뭐든 오늘 입맛 당기는 메뉴를 먹을 수 있다. 내게 무한한 선택의 자유, 고르는 즐거움이 주어진다. (물론 그만큼의 지출은 감내해야 하지만) 무엇 하나 마음대로 되지 않는 세상에서 단 하나, 저녁 메뉴 정도는 먹고 싶은 걸 먹는 기쁨을 내 자신에게 선사하면 안 될까?

　이런 일련의 내 사고 흐름이 비정상적이라고 느꼈다면 제대로 본 것이다. 그 시기 나는 알코올중독의 가장 어둡고 깊은 밑바닥에서 뒹굴고 있었다. 중독은 우울증의 증상으로 발현했고, 그 우울증은 지나간 직업적 실패와 무직 상태로 인한 좌절감 탓이었다. 아침에 일어나는 그 순간부터 어두운 감정과 생각들이 매분 매초 누적되었고, 정오도 되기 전에 이미 헤어 나오기 힘들 정도로 절망의 늪 가장 밑바닥으로 끌어내려졌다. 그럴 때마다 자포자기하는 심정으로 술을 들이부었다. 술기운이라는 부력으로 떠올라 약간이나마 생기를 되찾는 것이 내게 주어진 시간을 억지로 살아 내는 방식이었다.

그나마 불행 중 다행으로 나 스스로 문제가 있다는 사실은 인지하고 있었다. 마지막 의지의 한 조각까지 그러모아 음주 습관을 조금이라도 고쳐 보려고 최대한 술을 집에 두지 않으려 안간힘을 썼다. 장을 볼 때도 주류 코너 앞에서 한참을 서성이다가 간신히 돌아섰고, 편의점 앞을 지나칠 때는 눈을 질끈 감았다. 하지만 위기는 끼니 때마다 닥쳐왔다. 입맛을 다시며 배달 앱을 열면 대부분의 식당 메뉴에 소주나 맥주도 나란히 올라와 있는 것이 보인다. 마트나 편의점에서 주류 냉장고를 기웃거리며 술병을 뚫어져라 쳐다보다가 패배감에 휩싸여 소주병에 손을 뻗지 않아도 된다. 술병을 들고 카운터로 가면서 죄책감에 머뭇대지 않아도 된다. 집에 누운 채 손가락 한 번 더 까딱하는 것만으로, 마치 불가항력적인 것처럼 시치미 뚝 떼고 술과 음식을 집으로 들일 수 있다.

배달 앱의 탁월한 편리함은 내가 애써 조성한 '무알코올 환경'을 깨트리고 유혹의 대상과 나 사이의 거리를 확 좁혀 손만 뻗으면 닿을 곳까지 술을 가져다줬다. 그 앱이 존재하는 이상 밥은 그저 밥이 아니라 술을 마실 핑계 좋은 안주였다. 밥은 술을 부르고, 술은 밥을 핑계 삼는다. 모르긴 몰라도 나처럼 배달 앱으로 인해 악화된 알코올중독자들이 한 트럭은 될 것이다. 배달원의 손에 들려 음식과 함께 꽁꽁 포장되어 온 술병은 한 끼니 만에 깔끔하게 비워진 채 재활용 쓰레기통으로 향했다.

무기력하고 나태한 상태로 울적함에 절여져 소파에 구겨져 앉은 채 있다가 배가 주리면 음식과 술을 배달 주문하는 생활. 그렇게 벌건 대낮에 먹고 마시면서 내 인생에 오로지 내 마음대로 할 수 있는 것은 메뉴판에서 고르는 음식과 술뿐이라는 생각이 들었다. 집 안에 꼼짝하지 않고 틀어박혀 지내면서 주변 사람들과 환경으로부터 단절된 채 배달 음식을 고집스럽게 시켜 먹는 행위는 이기적이고 탐욕스러워 보이겠지만, 그런 한심한 일상에는 남몰래 쉬는 한숨처럼 깃든 한 가닥 체념의 정서가 존재했다. 인생을 반쯤은 포기한 채 먹고 마시는 쾌감만으로 간신히 버틸 정도로 궁지에 몰려 있었던 것이다.

밖으로 나가서 장을 보고 몸을 움직여 음식을 만들지 '않음'으로 외부로부터 고립되고, 나라는 인간의 기능과 효용을 외면하면서 한편으로는 쓸모없는 자신에게 화를 내고 절망했다. 고집스럽게 소파에 버티고 앉아 하염없이 스마트폰을 들여다볼 뿐, 냉장고를 열어 먹을 것을 챙겨 먹는 따위의 자신을 위한 간단한 돌봄 활동조차 하지 않았다. 의욕 없는 정신에 수동적으로 굴복함으로 나 자신을 적극적으로 방치했다.

식습관이 삐뚤어져 가고 있다는 걸 누구보다 내가 더 잘 알고 있었다. 배달 음식 주문을 줄이고 먹는 양도 조절해야 한다는 것 역시 알았다. 하지만 먹지 않는다면, 아무것도 주어지지 않는다면 나라는 존재의 슬픔은 어떻게 위로하겠느냐며 자기 연민에 가득 차 자문했다. 절제는 힘없이 무너졌다.

혀는 자본의 인질

"이 습관을 어떻게 고쳐야 좋을까요?"

더위가 채 물러나지 않은 9월의 어느 날, 나는 병원 진료실에 앉아 침통한 표정으로 물었다. 은밀한 식탐을 털어놓는 것은, 비록 이곳이 정신과 병원이라 해도 다소 수치스러운 일이다. 나는 의사의 목에 걸린 목걸이만 뚫어져라 쳐다보며 마지못해 고민을 털어놨다.

정신과에서 처방받은 약물의 도움을 수개월 받은 끝에 알코올중독의 늪에서는 겨우 빠져나왔다. 전처럼 매일 취해 사는 생활은 끝이 났지만 음식에 집착하는 것만은 여전했다. 책상 건너편에 앉은 의사는 내가 하는 이야기들을 빠르게 타이핑하던 손을 멈추고 입을 열었다.

"지금까지는 술을 마시는 행동으로 보상을 얻고 쾌감을 느꼈는데, 습관으로 굳어진 그 행동을 멈추니 다른 보상을 찾을 수밖에요. 당연한 현상이에요."

예상한 바대로다. 그럼 술을 끊는 데 지대한 도움을 준 항우울제와 오피오이드 길항제(날트렉손)처럼 식욕을 차단시켜 줄 약을 받을 수는 없는 걸까? 수년 전 다이어트 클리닉에서 처방받은 식욕억제제와 감기약, 그걸 먹고 나서 단번에 입맛이 사라져 버린 느낌을 떠올렸다. 입 안은 버석버석 말라서 한없이 물을 들이켜게 되고, 허기는 희미해져 거의 느껴지지 않았다. 그 약을 다시 한번 먹고 싶지만 처방을 부탁했다간 의사로부터 불호령이 떨어질 것이 뻔했고, 지금 먹는 항정신성 약물도 있으니 현실적으로도 어려울 것 같았다.

"그래도 술을 마시는 것보다는 음식을 먹는 게 낫잖아요. 폭식만 주의하면 큰 문제 없을 것 같은데요? 아, 괜히 조금 찐 살 뺀다고 다이어트하지는 마세요. 그럴수록 더 집착하게 되니까요."

먹거리가 풍족한 현대에 이르러 사람들에게 생겨난 습

성, 감각적으로 만족하기 위해 섭식을 하는 '쾌락적 탐식'
이 보편적인 경험이 되어 버렸다. 배가 고파서 음식을 섭
취하는 것이 아니라 달고 짜고 기름진 맛으로 미각을 자
극할 때의 쾌감을 반복적으로 느끼기 위해 먹을 것을 찾
는다. 그즈음의 내게는 식사가 유일한 낙이었기에 더 집착
했다. 식사하고 얼마 지나지 않아 팽팽하게 차오른 포만감
이 조금만 사그라들어도 배달 앱 메뉴를 뒤지며 다음 끼
니를 궁리할 지경이었다.

그렇다고 주문한 음식이 매번 즐거움을 확고하게 안겨
준 것도 아니었다. 새로운 가게에 주문했다가 형편없는 음
식이 와서 내다 버린 적도 여러 번이고, 같은 가게에 시켜
도 음식 맛은 늘 들쭉날쭉했다. 뼈해장국이나 김치찜 같은
음식을 배달받아 허겁지겁 퍼먹다 보면 절반쯤 먹어 치워
배가 슬슬 불러오는 그 순간, 문득 '현실 자각 타임'이 시작
된다. 일회용 용기에 남은 음식들을 앞에 두고 멍하니 앉
아 있자면 묵직한 포만감을 타고 부끄러움이 밀려들었다.
마지막 한 숟갈을 먹어 치울 때쯤에는 거의 울적한 심정
이 된다. 멍청하고 탐욕스러운 내가 충동에 굴복하고 또
배달을 시켜 먹어 버리다니. 스스로가 혐오스러워서 견딜
수가 없다.

이대로는 안 되겠다는 생각이 들었다. 외식비도 부담

이지만 배달 앱 때문에 하루 종일 음식에만 신경을 곤두세울 정도로 식탐이 강해졌다. 나는 비장하게 배달 앱 아이콘을 꾹 눌러 삭제했다. 앞으로 배달 음식은 주 1회로 자제하고 필요할 경우 남편 휴대폰으로 주문하겠다고 다짐했다. 물론 그 다짐은 겨우 닷새 지켜졌을 뿐이지만.

집에 있는 음식들로 간단히 차려 낸 밥상만으로는 충분치 않았다. 나를 즐겁게 해 줄 화끈한 보상이 필요하다는 생각 때문이었다. 게다가 무심코 들여다본 SNS에 넘쳐나는 '먹짤' 사진이나 TV나 유튜브 속, 맛집을 찬양하며 열광적으로 음식을 먹어 대는 영상들이 말초신경을 어찌나 자극하는지!

유사 이래 혀들이 이토록 노골적으로
자본의 인질이 된 적이 있을까
—— 문정희,
〈냉혈 자궁〉,《오늘은 좀 추운 사랑도 좋아》,
민음사, 2022

먹거리 소비에 도취된 행태를 문정희 시인은 이렇게 꼬집었다. 그렇다. 나는 배달 앱이 중심이 되어 새로이 구축된 외식업 생태계의 쓸 만한 인질이었다.

의사의 조언에도 불구하고 나는 폭식으로 찐 살을 빼기 위해 강도 높은 다이어트에 돌입했다. 아침에는 한강변을 7km 뛰고 점심에는 침통한 표정으로 시큼한 드레싱이 뿌려진 치킨 샐러드를 먹었다. 섭취하는 모든 음식의 칼로리를 열심히 확인하며 하루 총합이 1,000kcal를 넘지 않도록 주의했다.

하지만 섭식에 지나치게 신경을 쓰는 바람에 오히려 식욕에 더 예민해져 약간의 배고픔에도 엄청나게 흔들리는, 음식의 유혹에 더 취약한 상태가 되어 버렸다. 낮에 실컷 절식을 해 놓고 밤에 식욕이 폭발해서 배달 음식을 시켜 먹은 뒤 후회하는 미련한 패턴을 반복했다.

실제로 전문가들은 다이어트 중에 겪는 스트레스, 음식을 참으려는 중에 내 안에서 빚어지는 치열한 갈등이야말로 과식을 유발하는 요인이라고 지적한다. 미국 식품의약국 국장과 예일대 의대 학장을 역임한 데이비드 A. 케슬러는 과식의 원인을 파헤친 저서 《과식의 종말》에서 스트레스를 받을수록 자신을 억제하기가 어려워지고 흥분이 되기 때문에 쾌감을 줄 수 있는 음식에 접근하려는 충동이 커진다고 설명한다. 다이어트야말로 오히려 음식 집착의 원흉인 셈이다.

뭔가를 먹으면 안 된다고 열심히 생각할수록 결국은 그것을 더 먹게 된다. 먹을 수 없다는 생각은 음식의 보상 가치를 확대할 뿐이고, 우리는 결국 음식의 유혹을 이기지 못하고 포기한다. 갈망이 필요로 발전하면서, 우리는 하지 않으려고 그처럼 노력했던 바로 그 일을 한다.

—— 데이비드 A. 케슬러,

《과식의 종말》,

이순영 옮김,

문예출판사, 2010

이것은 《코끼리는 생각하지 마》라는, 그 유명한 인지언어학자 조지 레이코프의 책 제목과 일맥상통하는 이야기다. 코끼리를 생각하지 말라는 말을 들었을 때 오히려 그것을 더 생각하게 되는 것처럼, 섭식을 제한해야 한다는 생각에 몰두할수록 오히려 음식에 더 집착하게 된다. 눈이 시뻘게져서 배달 앱을 들여다보다가 껐다가 하다가 결국 음식을 주문하고 마는 것은 '음식을 생각하지 말자'는 다짐으로 인한 반대급부의 반향이었다. 먹지 않으려는 몸부림에서 생겨난 스트레스가 먹고자 하는 식욕으로 연결되고, 그것에 저항하는 과정에서 더 많은 스트레스가 생겨나 결국에는 먹는 행위로 기필코 이 불행한 기분을 풀어야 할 것 같다는 기분에 사로잡히는 것이다.

매일 밤 휘몰아치는 욕구에 무릎을 꿇고 식탐에 취해 허겁지겁 배달 음식을 먹어 치우고 나면 반성과 자책의 시간이 시작된다. 충동에 져 버린 스스로에 대한 분노, 겨우 그 정도의 인내심조차 발휘하지 못했다는 자책감. '어쩌지?' 일을 저질러 버리고 덜컥 겁이 났다. 절대 봐주는 법이 없는 체중계는 나를 비난하듯 어제보다 더 늘어난 숫자를 보여 줄 것이다. '어떡하지?'

머릿속이 복잡한 한편 빵빵하게 부른 배의 느낌이 불편하다. 이 속을 비워야 할 것만 같다. 그래, 그냥 토해 버리면 되는 거 아니야? 참지 못하고 음식을 먹어 버렸지만 토하면 다시 먹기 전으로 원상 복구할 수 있잖아?

결심이 서자 곧 구역질이 속에서 올라왔다. 과식해서 묵직하게 불러 온 위장이 음식의 무게를 견디지 못하고 쏟아 버리려는 것 같다. 탐욕에 져 버린 스스로에 대한 자기혐오감이 욕지기를 더 자극한다. 냉장고를 열어 물통을 꺼내 컵 가득 콸콸 따라 단숨에 들이켰다. 안방 화장실로 달려가서 변기를 붙잡고 한쪽 손가락을 목구멍에 집어넣었다. 조금 전까지 입 안 가득 씹고 뜯고 맛보고 즐기던 음식들이 으깨진 토사물이 되어 변기로 쏟아져 나왔다. 토사물의 양을 눈대중으로 가늠하며 방금 먹은 음식 양에서 얼마만큼 토해 냈는지 확인했다. 3분의 1정도? 나는 다시 손가락을 넣어 토했다. 이젠 절반? 3분의 2 정도 게워 냈나? 거북하게 꽉 차 있던 위장이 한결 가벼워진 느낌이 들고서야 구토를 멈췄다.

먹은 것을 다시 게워 냄으로써 마치 시간을 거꾸로 되돌려 '먹지 않는다'를 택한 것처럼 만드는 마법 같은 효과를 누릴 수 있었다. 어리석고 탐욕스럽게 야식을 우적우적 먹어 치운 직전의 상황을 감쪽같이 지우고 초연하게 굶어 텅 빈 위장으로 잠드는, 더 성실하고 무결한 나를 만들 수 있는 것이다. 목구멍에 손가락을 집어넣고 토사물을 쏟아 내는 고역은 한 시간 전 내 실수를 만회하기 위해서 마땅히 치러야 하는 대가이기에 기꺼이 감수할 수 있었다. 음식의 맛을 입 안 가득 한껏 만끽하고 포만의 쾌감까지 느끼면서 살은 찌지 않다니, 이런 근사한 방법이 어디 있겠는가!

한심한 자기합리화를 하면서 거울을 봤다. 시뻘겋게 상기된 채 이마에 땀이 송골송골 맺힌 얼굴이 보였다. 위산이 쏟아져 나온 식도는 얼얼했고 입 안 가득 찝찝한 맛이 남았다. 예전에 어떤 책에서 읽은 내용이 떠올랐다. 무대에 서기 위해 깡마른 몸매를 유지하는 프랑스 모델들끼리 이런 이야기를 주고받는다. "너 습관적으로 토하는구나? 치아를 보면 알 수 있지." 혀로 이를 핥으니 뻑뻑한 느낌이 든다. '이렇게 추하고 자기 파괴적인 짓까지 해야 해? 이런 짓은 오늘로 끝이야.'

하지만 불안한 예감대로 그 뒤로도 소위 말하는 '먹토'가 몇 번이고 반복되자 심각하게 잘못되어 가고 있다는 생각이 번뜩 들었다. 애초에 음식을 그만 주문해야 한다. 과식을 멈춰야 한다. 하지만 내가 알코올중독으로 힘들었던 때 '이래서는 안 된다'고 절박하게 생각하면서도 술병을 손에 쥐는 상상만을 하며 하루를 보냈듯, 지금은 종일 푸짐한 배달 음식 생각이 머릿속을 떠나지 않았다. 음식이 미각을 자극하고, 그 자극이 뇌에 쾌감을 불러일으키는 일련의 과정, 그 즐거움에 얽매여서 소비 행동을 제어할 수 없다는 느낌을, 중독이라는 단어 외에 그 무엇으로 표현할 수 있을까?

가까울수록 치명적인, 쉬울수록 유독한

나는 통제할 수 없는 식탐의 원흉으로 배달 앱을 지목했다. 의지력 부족인 스스로를 탓하기 싫어서 외부 요인 탓으로 돌리려는 게 아니라 나름 타당한 이유가 있다.

쉽게 음식을 얻을 수 있는 환경은 음식을 더 자주 찾게 만든다. 폭식이나 음주 같은 쾌감을 불러일으키는 특정 행위를 하기 쉽도록 장벽이 낮춰지고 장애물이 치워진 환경은 우리가 그 행위를 반복하게끔 만드는 강력한 동인이 된다. 음식 섭취 행동 전문가이자 코넬대 식품 브랜드 연구소장인 브라이언 완싱크는 저서 《나는 왜 과식하는가》에서 컬럼비아 대학 스탠리 샤흐터 교수가 펴낸 책 《비만 인간과 비만 쥐》의 내용을 한 줄로 요약해 소개한다. 내용인즉, 먹기 위해 고생할수록 먹는 양이 줄어든다는 것이다.

케이스 안의 생쥐에게 작은 레버를 10회 눌러야 먹이가
나오도록 하면 빈번하게 먹는다. 하지만 100회를 눌러야
먹이가 나오면 먹는 양이 줄어든다.
그것은 우리 인간도 마찬가지다. 작은 레버를 100회
눌러야 컵케이크를 받을 수 있다면 역시 먹는 양은 줄
것이다. 초콜릿칩 쿠키 아이스크림 50그램을 손에
넣기 위해 긴 미로를 달려서 빠져나가야 한다면 대부분
그렇게까지 무리할 가치가 없다고 포기할 것이다.

—— 브라이언 완싱크,

《나는 왜 과식하는가》,

강대은 옮김,

황금가지, 2008

나는 케이스 안의 생쥐이고 배달 앱은 단 서너 번만 눌
러도 푸짐한 음식이 뚝딱 나오는 레버였다. 먹기 위해 큰
수고로움을 감내해야 한다면 먹는다는 행위의 매력은 감
소하지만, 반대로 음식을 얻기가 지나치게 쉬운 경우 우리
는 망설임 없이 그쪽을 향해 손을 뻗을 것이고, 그만큼 많
이, 자주 먹게 될 것이다.

언제든지 주문만 하면 음식을 받을 수 있는 환경, 이 믿
을 수 없는 간편함이야말로 내가 무턱대고 매일 몇만 원

씩 식당들에 갖다 바치며 1인분에 1,000kcal짜리 도시락을 받아먹게 만드는 요인이었다. 그 편의성이야말로 배달 앱이 식당들로부터 수수료와 광고비를 받아 챙기는 대신 제공해 준, 소비자들을 홀린 가장 강력한 무기였다.

문제는 이런 행동 패턴이 허기와 식욕의 생체 반응이 아니라 음식을 사고픈 욕망, 즉 맹렬한 소비 욕구에서 비롯됐다는 점이다. 소비 만능주의 사회를 살아가는 우리들은 무언가를 구매하는 것으로 당신이, 당신의 삶이 더 나아질 것이라고 확언하는 광고 콘텐츠들 사이에 둘러싸여 우울하거나 슬프고 불안할 때 소비로 이를 해소하려는 습성이 굳어졌다.

음식도 예외가 아니다. 수백 가지 옷이 가득한 쇼핑몰 화면을 한없이 보듯 수백 개의 배달 앱 메뉴를 계속 스크롤을 내리며 정독하고, 옷이 든 택배 상자를 기다리듯 기대감에 벅차 배달원을 기다린다. 이 '구매 행위'에서 오는 즐거움에 내 섭식이 좌우되고 있었다. 필요해서가 아니라 사고 싶어서 사는, 일종의 '음식 쇼핑'에 중독된 것만 같았다.

이것은 내 개인의 경험일 뿐 아니라 소비를 촉진하도록 정교하게 짜인 사회에서 벌어진 문화 현상의 단면이기도 하다. 키마 카길 워싱턴대학 타코마 캠퍼스 임상심리학

교수는 저서 《과식의 심리학》을 통해 현대 자본주의 사회에 팽배한 소비만능주의가 과식을 촉발한다는 점을 지적했다.

> 사용하기 편리한 신용카드는 물건을 구매하기 위해 현금이 필요치 않은 새로운 시대를 열었고, 욕망을 즉시 충족시키려는 경향이 소비자들에게 널리 퍼졌다. 이런 편리함은 오랫동안 즉각적 만족을 지연하는 장애물을 두었던 사회, 자연, 경제 환경과 대비된다. 지난 세기 동안 우리 문화는 원하는 것을 바로 얻으려는 행위를 막는 장애물이 거의 없는 문화로 바뀌었고, 그 결과 충동적 소비가 신중한 소비를 앞질렀다.
>
> 무언가를 사기 위해 미리 돈을 지불할 필요가 없거나, 무언가를 구매하거나 소비할 때 앞으로 어떻게 비용을 갚을지 정확히 알 필요가 없다는 메시지가 무수히 많은 형태로 소비주의 문화 도처에 퍼져 있는 것이다.

—— 키마 카길,
《과식의 심리학》,
강경이 옮김,
루아크, 2020

이것은 행동심리학에서의 '중단 규칙의 상실' 개념과
도 연관되어 있다. 오락실에 가서 게임을 하는데 바꿔 놓
은 동전이 다 떨어지면 이제 슬슬 나가야 할 때라는 느낌
이 들면서 게임을 중단하게 된다. 즉, 동전이 떨어진 상태
가 중단 규칙이다. 배달 앱은 카드를 미리 등록해 결제 과
정을 간편하게 만듦으로써 '지불의 감각'을 지연시키는
데, 이로써 중단 규칙을 없애고 욕구에서 만족까지 도달하
는 경로를 최소화해 더 자주, 더 많이 사 먹도록 유도한다.
문명의 이기는 이렇듯 생활의 크고 작은 불편을 상냥하
게 제거해 주는 바람에 욕망을 무한 폭주하게 만들곤 한
다. 한국 사람들이 그토록 날씬한 몸을 선망하는데도 비만
율이 꺾이지 않는 것에는 분명 소비의 편리성이 기여했을
것이다.

한편 카길은 소비주의 문화에서 미디어가 식욕을 심리
적·정서적 차원에서 자극한다는 점도 지적했다. 그는 소
비주의를 연구하는 사회학자 콜린 캠벨이 현대 욕망을 '상
상적 쾌락주의'라고 명명하며 현대인들은 미디어와 광고
가 보여 주는 상품의 이미지와 이야기로 인해 백일몽에
빠지게 된다고 주장한 것을 인용했다.

소비문화에서 사용되는 이상화된 이미지와 서사는 그

상품이 치유해 줄 것이라 여겨지는 결핍의 느낌을 우리 내면에 만든다. 이처럼 채워지지 않는 욕망은 기대를 채우려는 더 절박한 시도를 낳아 결국 소비를 증가시킬 수밖에 없다. 곧 소비주의에 기대 심리적 욕구를 채우려 들면 과소비와 과식을 하게 된다.

——— 앞의 책, 재인용

이 대목을 읽으며 TV는 물론 유튜브와 각종 SNS에 범람하는 음식과 관련한 서사와 이미지들을 떠올렸다. TV 속 '관찰 예능'에서는 맛집을 찾아간 연예인들이 야단스럽게 감탄하며 밥을 먹고, 인스타그램에 올라오는 '신상 핫 플레이스' 리뷰에는 기괴할 정도로 탐스럽게 연출한 음식 사진이 빠지지 않는다. 이런 것들에 상시 노출되며 느낀 결핍은 가상의 허기로, 소비 욕구로 귀결된다. 그러나 아무리 음식을 사들이고 먹어 치워도 그 욕망은 결코 채워지는 법이 없기에 나는 매일 배달 앱이 뚫어져라 들여다볼 수밖에 없는 것이다.

결국 현대인의 과식과 탐식은 단순히 풍요로 인한 무절제가 아니라, 사회와 문화의 변모로 새로운 압력과 자극이 출현한 가운데 기술의 발달까지 더해지는 등 다양한 요인이 교차하며 불가피하게 나타난 병폐라는 해석이다.

온전히 내 탓만은 아니라는 점은 반갑지만 그만큼 개인이
벗어나기 어려운 문제라는 면에서 더 절망적이다.

허기를 껴안다

나는 좋아하던 직업을 스스로 포기한 선택을 후회했고, 퇴직 후 시도한 몇 가지 일에서 실패를 겪은 기억으로 괴로워하고 있었다.

'어디서부터 잘못됐을까?'

'나는 이대로 낙오하고 실패한 채 아무 성취도 없이 생을 마감하게 될까?'

이런 질문들에 정신이 팔려서 아이의 웃음도, 남편의 다정함도, 5월 새순으로 돋아난 나뭇잎 위로 드리워지는 화사한 햇살도, 온몸 위로 부드럽게 흐드러진 봄의 바람도, 아무것도 느낄 수가 없었다. 맵고 짜고 기름진 음식을 입 안 가득 머금고, 맛보고, 씹어 삼켜 텅 빈 위장을 차오르게 해 뇌에 도파민을 분출시키고 황홀경 같은 쾌감을 저릿저릿 만끽하는 그 순간들이 없다면 나는 살아도 사는 것 같지 않을 것만 같았다. 식탐을 충족하는 그 시간만이 유일하게 내가 우울의 늪에서 떠올라 신선한 공기를 마시는 순간이었다.

먹는 것 외에는 도통 흥미가 없는 나날 속에서, 그래도 어떻게든 변화를 주고 싶어서 이따금 도서관으로 향했다. 몰두할 다른 대상이 필요했다. 어느 날 서가에서 식이 장애에 관한 책들을 뒤적이다 이런 문장과 조우했다.

> 강박적으로 먹게 만드는 충동 이면에 존재하는 진짜
> 허기의 정체를 찾아내야 한다. 섭식 장애는 우리의 진정한
> 욕구와 간절한 바람을 단지 그것의 상징인 식탐으로 가려
> 버린다. 먹는 데 중독되는 때야말로 우리가 진정 무엇에
> 허기를 느끼고 있는지 생각해 봐야 할 때다. 진정한
> 허기가 상징적인 형태로 우리에게 모습을 드러내는
> 순간이기 때문이다.
> —— 애니타 존스턴,
> 《먹을 때마다 나는 우울해진다》,
> 노진선 옮김,
> 심플라이프, 2020

임상심리학 박사이자 섭식 장애 치료 전문가인 애니타 존스턴이 쓴 책의 한 대목이다. 전에 없이 왕성한 식욕에 떠밀려 폭식을 하고 나서도 충만감은커녕 마음에 찌꺼기처럼 공허함과 수치심, 좌절감만을 느끼는 매 끼니가 떠올랐다.

식탐의 원인은 배고픔이 아니었다. 허기진 것은 위장이 아니라 황폐해진 정신과 허물어져 가는 마음이었다. 심리적 불만족감과 불안감, 분노로 인해 포만감이 묵직하게 나를 눌러야만 안정이 될 것 같은 기분을 느꼈을 뿐이다. 폭식에 중독되는 사람들은 자기 진짜 문제로부터 눈을 돌리고 다른 것에 정신을 팔려고 한다. 왜냐면 나의 진짜 문제는 너무도 멀고, 막연하고, 해결 불가능해 보이기 때문에 그를 대신해 우리 욕망 중에서도 가장 명백하고 손쉽게 충족 가능한 식욕에 무의식적으로 끌리는 것이다. 미봉책으로 구멍 난 내면을 메우려 해도 그것은 맞지 않는 조각일 뿐, 계속해서 헛돈다. 어떤 진미를 먹어도 만족스럽지 못했고 배가 불러도 그저 울적했다.

진실을 직면하고 나니 더 심란해졌다. 식욕에 이리저리 끌려 다니는 생활은 마냥 참는다고 청산될 일이 아니었다. 진짜 문제를 직면하고 해결하기 전에는 끝나지 않을 것이다. 성취 욕구의 좌절, 누구와도 연결되지 못한 고립감, 나 자신에 대한 막대한 실망. 우물 바닥 찌꺼기처럼 고여서 악취를 풍기고 있는 내 고질적인 괴로움들을 어떻게 끄집어내고 제거할 것인가. 애써 찾아낸 답이 후련하기보다 막막했다. 어디서부터 어떻게 손을 대야 할지 엄두가 나지 않았다.

다만 한 가지 확실한 사실은 매일같이 지금 같은 식습관을 반복한다면 그 패턴에서 절대 벗어나지 못하리라는 것. 근본적인 문제는 당장 고칠 수 없더라도 다소나마 생활의 변화를 일으켜서 이 악순환으로부터 탈출해야 했다. 그러지 못하면, 욕구라는 덫에 갇혀서 옴짝달싹 못 한 채 돈과 정신과 건강을 야금야금 갉아먹히는 삶을 계속해서 살 수밖에 없을 것이다.

나는 어떤 순간에 식욕을 잊게 되는지 곰곰이 생각해 봤다. 음식에서 주의를 돌릴 수 있는 시간도 분명 존재했으니까. 이른 아침의 짙은 풀 내음이 가득한 한강공원, 떠오른 해를 향해 기지개를 쭉 뻗고 발을 힘차게 박차고 나가며 시작하는 조깅. 강 건너편에 위치한 대형 서점까지 설렁설렁 다리를 건너가는 산책. 그늘진 집에서 벗어나 햇볕이 쏟아지는 야외를 걸으면 마치 광합성을 하는 식물이 된 것처럼 먹지 않아도 주린 느낌이 들지 않았다. 소파에 가만히 앉아 최소한의 칼로리만을 쓸수록 허기는 더 요동쳤고, 반대로 일단 몸을 움직이면 식욕에 바짝 곤두서 있던 신경이 분산되어 욕구가 사그라들었다.

그래서 나는 도망치기로 했다. 웅크리고 있던 몸을 펴고 일어나 러닝화만 신고 뛰쳐나갔다. 배달원이 두드릴 현관문이 없는, 음식을 차릴 밥상이 없는 한강공원으로 향했다. 스스로를 '배달을 시킬 수 없는' 환경에 놓은 것이다.

원래도 주 1, 2회 조깅을 하곤 했는데 그 횟수를 3, 4회로 늘렸고, 나머지 날에는 한강공원을 산책했다. 조깅을 하며 7km씩 뛰는 날은 공복에 400kcal 넘게 소모했는데도 오히려 식욕이 없었다. 집으로 돌아와서는 물 한 잔으로 갈증을 달랜 뒤 프로틴 음료를 타서 마시거나 양배추 샐러드, 껍질도 벗기지 않은 사과 같은 걸로 아침을 먹었다. 괜히 먹지 않으려 애쓰다 욕구불만으로 인한 보상심리가 폭발해 배달 음식을 시키게 될 수도 있으니까, 욕구가 일기 전에 선수를 쳐서 나를 먼저 먹였다. 싱크대에 기대서서 사과를 한 입 베어 물며 뿌듯함에 젖었다. 그토록 바라던, 최소한의 욕망을 정갈하게 유지하며 산뜻한 식생활을 영위하는 삶이 이제 시작되려는 걸까?

운동은 우울증 환자들에게 도움이 되기 때문에 나처럼

가벼운 식이 장애를 겪는 사람들의 식욕을 진정시키는 데에도 효과가 있다. 대부분 사람의 폭식 습관은 우울한 감정에서 비롯되는데, 운동을 하면 항우울제와 같은 효과를 내는 세로토닌과 노르에피네프린의 분비가 촉진되어 부정적인 느낌을 경감시키고 기분을 좋게 만들어 줘 식욕을 덜 느끼게 된다. 또 쾌락을 좌우하는 도파민 회로에도 영향을 미치기 때문에 음식을 먹을 때 느끼는 쾌감을 운동으로 대체가 가능하다. 우울함에 매몰된 상태에서 벗어나기 위해 매번 포만감으로 도망치곤 했지만, 몸을 움직이고 달리면 그럴 필요가 없었다. 욕망이 통제 가능한 정상 범위 안에 들어온 느낌이었다.

일부 전문가들은 배가 고프지 않아도 자꾸 먹으려 하는 걸 '음식 중독'으로 규정하고 행위 중독의 일종으로 본다. 그런데 일부 연구 결과에 따르면 운동이 행위 중독에서 벗어나는 데 도움이 된다고 한다.

신경과학자이자 우울증 전문가인 앨릭스 코브 박사는 자신의 저서 《우울할 땐 뇌 과학》에서 한 실험 결과를 소개했다. 흡연자들을 15시간 동안 담배를 피우지 못하게 한 다음 두 그룹으로 나눴다. 한 그룹은 고정 자전거에 앉아 10분 동안 페달을 밟았고, 대조군은 가만히 앉아 있었다. 그 뒤 운동을 안 한 그룹에 담배를 보여 주고 fMRI스캔을 해 봤다. 동기부여에 관여하는 안와전두피질에서 활동이 증가한 것을 볼 수 있었고 습관을 통제하는 기능을 하는 배측 선조체도 활동을 보였다. "다시 말해 그들의 뇌는 담배를 정말로 원했고 담배를 피우기 위한 습관을 작동시키고 있었던 것이다."

반면 운동을 한 그룹은 이 뇌 영역들의 활동이 감소했고 담배를 덜 원했다. "겨우 10분 한 운동이 그들의 도파민 회로를 의미심장하게 바꾸고 의지력을 키웠다." 코브는 운동이 의지력을 키워 주고 우울함에서 빠져나올 상승나선을 작동시키기에 아주 좋은 출발점이라고 권유한다.

하지만 말이 쉽지, 마치 마음에 돌덩이 하나 얹은 것처럼 생활하는 우울증 환자가 기력을 내어 매일 운동이나 산책을 하는 것이 쉽겠는가? 운동을 좋아한다고 자부하는 나조차도 그렇다. 격하게 달릴 때 숨을 몰아쉬면 폐가 욱신거리고 다리에 피로가 몰리는 느낌, 이 코스가 대체 언제 끝나는지 가늠하며 고통을 무작정 견뎌 내는 느낌을 상상하니 문을 열고 나갈 엄두가 나지 않았다. 다른 할 일도 많은데 한가하게 운동이나 하기에는 시간이 아깝다는 생각(혹은 핑계)이 발목을 잡는다. 몸을 움직이는 것이 오늘 하루를 훨씬 긍정적으로 변하게 할 걸 알면서도 그러지 못하는 날이 절반 이상은 됐다.

언젠가 1주일 내내 쏟아지는 비 때문에 한강이 범람해 내가 오가던 조깅 코스가 전부 물에 잠겨 버린 적이 있었다. 비가 그치고 나서 며칠 후 가 본 한강공원은 물이 빠지고 나서 온통 진창이 되어 버렸다. 일전에 읽은 서울 개발사를 다룬 책이 떠올랐다. 서울의 기반 시설을 현대화하는 과정에서 정부는 한강의 범람을 막고 토지 활용을 늘리기 위해 강바닥을 파내어 수심을 확보했다. 강가를 허물어 강폭을 넓히고, 둔치에 제방을 높게 쌓았다. 얕고 좁은 강 그대로 둑을 만들었다면 홍수가 닥칠 때마다 터져 나가거나 무용지물이 되고 말았을 거다.

욕구를 다루는 것도 물을 다스리는 것과 비슷하지 않을까? 걸핏하면 범람해서 통제가 불가능해지는 욕구를 막으려면 내 내면이 충분히 깊고 넓어 욕구가 넘쳐나려 할 때도 충분히 담을 만한 그릇이 되어야 한다. 그러기 위해서는 강바닥에 쌓인 토사 같은 좌절감과 열등감, 열패감을 퍼내야 한다. 유량이 다소 늘어나도 잔잔함을 유지하는 저 강처럼 되고 싶었다.

자신에게 좀 더 관대해져야만 했다. 토사처럼 쌓인 부정적인 감정은 모두 자기 경멸에서 흘러나온 것이니까. 나는 욕심이 많았다. 유능하고 유명한 사람이 되어 많은 이에게 사랑받고 싶었다. 기자라는 직업을 택한 것에는 그런 명예욕이, 야망과 야심이 기저에 깔려 있었을 것이다.

'나만의 무언가'를 만들어 보겠다고 언론사를 박차고 나왔지만 기대만큼 대단한 성과를 이루지도 못했고, 추진하던 일들은 실패로 돌아갔다. 가진 재주가 대단하지도 않은 주제에 성급하게 퇴사를 결정한 것이 잘못된 선택이었을까? 하루하루는 모래가 손에서 빠져나가듯 흘러갔고 원래 목표로부터 서서히 멀어지고 있다는 불안과 초조함에 짓눌렸다. 내가 꿈꾸는 '근사한 나'와 현실의 '비루한 나' 사이 간극에서 샘솟는 끝없는 결핍을 견디다 못해 결국 포만감으로 도피하기를 선택한 것이다.

어느 순간, 나는 좀 더 여유로운 방향으로 생각을 전환해야 한다는 걸 깨달았다. 몸을 움직여 기분을 북돋는 것도, 건강한 음식을 차려 먹어 스스로를 보살피는 것도, 오늘 못 했다면 내일 하면 된다. 오늘 못 한 운동을 할 수 있는 내일이 있다. 어제의 나태한 나를 돌아보며 현재의 나를 규정짓는다면 실패와 좌절, 포기와 우울의 악순환에 갇힐 뿐이다. 오지 않은 내일의 내가 더 나을 수 있음을 긍정해야 한다. 궁지에 몰린 사람을 보면 손을 내밀기 전에 먼저 안쓰러움부터 느끼는 것처럼, 나 자신에게도 연민을 가질 필요가 있다. 완벽주의를 강요받는 우리는 누구보다 스스로에게 잔인한 면이 있으니까.

조깅을 시작으로 식습관 바꾸기에 나선 나는 그 첫걸음으로 '허기'라는 감각과 친숙해지려 노력했다. 전날 저녁을 먹고 다음 날 아침 11시까지 굶는 간헐적 단식을 하며 일부러 공복 상태를 지속해 봤다. '배달 음식 폭식'에서 '굶기'로의 급격한 전환이 쉽지는 않았지만 어차피 한번은 거쳐야 할 과정이었다. 배고픔을 무언가 결핍된 감각이나 우울한 감정과 연결 짓지 않고 당연한 신체 반응으로서 받아들이려면 우선 이것에 익숙해져야 했다.

식사를 할 때도 과식한 후의 불쾌한 느낌을 떠올리며 적당한 포만감 수준에서 수저질을 멈췄다. 물론 그러다가도 어느 날은 욕구가 샘솟아 배달 앱을 열고 또 음식을 주문하고 마는 실패를 겪었지만, 대신 다음 날이면 다시 식습관 바로잡기를 시도했다. 변화는 아주 천천히 더디게 이뤄졌지만 효과는 분명 있었다. 그만두지만 않으면, 필요 이상으로 절망하지만 않으면 된다. 어느새 성공하는 날들이 점점 더 많아졌고 나는 음식에 대한 집착으로부터 서서히 빠져나왔다.

배달 음식을 탐닉하는 것을 '불량한 즐거움'으로 꼽긴 했지만 당연히 섭식 자체가 나쁜 행위는 아니다. 문제는 우리가 사는 현대의 환경이다. 저렴하면서도 한 입 베어 물면 뇌가 저릿할 정도로 중독성이 끝내주는 가공식품, 휴대폰 터치 몇 번 만으로 어떤 음식이든 집 문 앞으로 가져다주는 서비스, 섭식 욕구를 포르노처럼 충동질하는 미디어……. 이런 환경 속에서는 배가 고파 먹는 것이 아니라 쌓인 욕구를 감정적으로 해소하고 우울과 불안에 대응하기 위해 음식을 찾는 잘못된 습관이 들기 십상이다. 포만의 감각, 맛을 감지하는 미각은 자극의 강도가 세질수록 점점 더 무디어진다. 결국은 더 많은 양의, 더 고칼로리의, 더 자극적인 음식을 먹어야만 만족하는 악순환의 굴레로 빠지는 것이다.

요즘 나는 먹는 즐거움을 온전한 기쁨의 영역으로 남겨 두고 싶어서 의식적으로 노력 중이다. 대단한 것은 아니고 여건이 될 때마다 반찬가게에서 산 나물에 계란 하나 부치는 식으로 간소하게 차려 심심한 맛으로 먹는 것이다. 그러면서 매번 생각한다.

"놀랍게도 이것만으로도 충분히 맛있군."

또 하나 내가 배달 음식을 그만 먹게 된 비결을 꼽자면 오랫동안 손에서 놓았던 요리를 다시 시작한 것이다. 어느 날 우리 집을 방문한 엄마가 나 대신 저녁 식사를 만들어주다 이런 말을 했다. "음식을 만든 사람은 많이 못 먹게 되는 법이지." 요리를 하고 냄새를 많이 맡는 과정에서 식욕이 진정된다는 의미였다.

그 말을 듣고 나는 아주 간단한 요리를 시작해 봤다. 계란말이, 된장찌개, 볶음밥 같은 것들. 거창한 것은 생각조차 안 했다. 재료가 너무 많이 들어가는 음식에 도전했다가 지레 겁을 먹고 외면하는 바람에 돈 주고 산 재료마저 냉장고에서 썩힌 채 또다시 배달 음식을 시켜 먹을 테니까. (실제로 그랬던 적이 있다.) 혹은 너무 어려운 요리에 도전했다가 처참하게 실패해 낙담하는 바람에 한동안 요리 그 자체를 포기하게 될 테니까. (이것도 그래 본 적 있다.) 이상하게 직접 만든 음식은 배달 음식을 먹을 때처럼 많이 먹게 되질 않았다. 천천히 먹었고 배부른 느낌이 확실하게 왔다.

직접 만든 음식이 배달 음식을 먹을 때와 왜 감각적으로 다른지 저널리스트 마이클 모스가 쓴 책 《음식 중독》을 읽으며 그 이유를 이해할 수 있었다.

식품 기업들은 빠른 속도가 뇌를 강한 욕망에 사로잡히게
한다는 사실을 알고 있다. 모든 면에서 속도가 빠른
제품을 만드는 데 전력을 다하는 것도 그 때문이다.
그러나 우리는 속도를 늦추면 뇌의 제어 기능이 위를
따라잡는 시간을 벌어 준다는 사실과 먹는 속도를 늦춰
우리의 라이프스타일과 온전한 판단력을 망가뜨리지
않는 방법을 알고 있다. 스파게티 소스를 직접 만들거나
간식으로 껍질을 까지 않은 피스타치오를 먹는 것이 그런
방법 중 하나다. 이런 데 소비하는 시간이 곧 음식에 대한
탐닉을 억제하는 노력에 들이는 시간인 셈이다. 먹는
음식에 관심을 더 기울일 때 뇌 속의 제어 장치가 음식에
대한 탐닉을 더 잘 조절할 수 있다.

—— 마이클 모스,
《음식 중독》,
연아람 옮김,
민음사, 2023

모스는 "우리는 먹고 싶은 것을 먹기보다 우리가 먹고
있는 것을 좋아하는 경향이 있다"며 "즉 새로운 식습관을
형성하면 좋아하는 음식을 우리가 직접 결정할 수 있다"
고도 썼다. 나 자신이 그 글의 산증인처럼 느껴졌다.

물론 매 끼니 간소하게, 혹은 직접 만든 음식을 먹지는 못한다. 외식도 잦고 배달 음식도 여전히 이용한다. 다만 가능할 때마다 끼니를 심심하게 먹어서 자극에 완전히 익숙해지지는 않을 정도로 지복점(최고의 만족을 제공하는 지점)을 중간 수준으로 유지하려 한다. 너무 높아진 지복점은 만족조차 죄책감에 함몰되어 버리는 영역에 속한다는 걸 충분히 경험했으니까.

트위터

뜨거운 것이 좋아

1990년대 중반에 나온 애니메이션 〈공각기동대〉에는 암울한 미래 사회에서 의체화된 몸을 지닌 채 특수 임무를 수행하는 쿠사나기 소령이 등장한다. 나는 대학 시절 그 애니메이션을 좋아해서 몇 번이고 돌려 봤는데, 별로 중요한 부분이 아닌데도 지금껏 기억에 남는 장면이 하나 있다. 쿠사나기 소령이 온라인 채팅방에 접속해 자기 아바타 캐릭터를 원탁에 앉힌 채 다른 사람들의 아바타와 토론을 벌이는 장면이다. 모습은 제각각이지만 아바타들은 실제 사람이 토론회에 참가한 것처럼 말하고 행동한다. '미래에는 저런 식으로 낯선 사람들과 소통하게 될까?' 언젠가 내가 저런 가상공간에서 채팅에 참여해 불특정 다수와 어울리는 모습을 상상해 보기도 했다.

그로부터 30여 년 후인 지금, 애니메이션에 나온 것처럼 온라인 가상공간에서 게임을 즐기고, 아바타를 꾸미고, 사람들과 연결되는 '메타버스' 세상이 펼쳐졌다. 우리 손에 들린 모바일 기기는 언제 어디서든 손쉽게 이 가상 세계에 들어갈 문이 되어 준다. 하지만 이미 십수 년 전 유비쿼터스(지금은 잘 쓰지도 않는 단어) 시대가 펼쳐졌음에도 아무도 스마트폰으로 냉장고를 제어하려 들지 않는 것처럼, 나는 메타버스 시대에 화려한 그래픽으로 실감 나게 현실을 재현한 서비스들은 본체만체하고서는 훨씬 더 아날로그적이고 1차원적인 텍스트 기반 소셜 네트워크, 트위터에 빠져들었다. 하긴 생각해 보면 그런 서비스가 실재하지도 않지만, 〈공각기동대〉에서처럼 아바타로 토론하는 온라인 서비스가 나온다 한들 인기를 끌지 못할 것이다. 말로 하는 대화보다 활자로 소통할 때 더 크게 느껴지는 익명성의 감각에 기대어 속내를 가감 없이 드러내다 못해 '빤쓰'까지 내리는 게 소셜 네트워크의 매력이자 폐해니까.

파랑새 모양의 앱을 열면 신원 미상의 사람들이 제각각 올리는 140자도 채 넘지 않는 문장들이 타임라인이 되어 끝없이 이어지고, 나는 스마트폰 화면 너머 그 문장들에 담긴 타인의 일상과 생각, 새로운 정보를 한없이 들여다본다. 답답한 뉴스를 보며 흥분하고 화를 내고, 실없는 농담에 피식 웃고, 내가 몰랐던 전문 분야의 뒷이야기에 감탄하며 타임라인을 계속 내려가다 보면 수십 분이 훌쩍 지나간다. 더 읽을 트윗이 없나 스크롤바를 위에서 아래로 당기며 계속 새로고침 한다. 긴 글이었다면 읽는 도중에 금세 지루해지거나 집중력을 잃었을 텐데 짧은 글들이 획획 주제가 바뀌며 이어지니 눈을 뗄 수가 없다. 마치 글자로 만들어진 스낵처럼 끝없이 야금야금 집어 먹게 되는 것이다.

가끔은 내 일상이나 스쳐 지나가는 생각의 편린도 토독토독 쳐서 트윗으로 올린다.

"솔직히 하인즈보다 오뚜기 케첩이 더 맛있다(소신 발언)"

트윗에 '좋아요'를 누르는 사람도, 리트윗으로 동의를 표하며 더 널리 노출시켜 주는 사람들도, "용납할 수 없다"며 농담 반 진담 반의 멘션을 보내는 사람들도 있다. 나는 지루하게 엘리베이터를 기다리고 있다가 멘션을 읽고, 지하철을 타고 가는 도중에 리트윗 수를 확인하며 피식 웃었다. 내가 겪은 웃기거나 황당했던 에피소드를 트윗으로 올렸다가 수천 번 리트윗이 되기라도 하면 나는 수천 명 관객 앞에서 말재간을 부리는 스탠드업 코미디언이라도

된 기분이었다. 대중의 사랑을 받은 사람처럼 내심 의기양
양해졌다.

다만 이런 즐거움들 탓에 사소하고도 중대한 문제가
하나 생겼다. 앱 사용 시간을 확인해 보니 하루에 3시간씩
이나 트위터에 접속하고 있었다. 노트북을 붙잡고 이런저
런 작업을 하다가도 잠시 정신이 다른 데 팔리면 트위터
창을 열어 화면에 시선을 고정하고 만다. 글을 쓰거나 책
을 읽어야 할 시간에도 트위터를 틈틈이 여는 바람에 도
저히 집중할 수가 없다. (사실 이 문단의 몇 문장을 쓰는
도중에도 총 일곱 번 트위터에 들어가 타임라인을 읽다가
다시 돌아왔다.) 책을 읽다가 한창 내용에 빠져들려는 찰
나에 손가락이 근질근질해서 기어이 휴대폰을 집어 들곤
한다. 아이 옆에서 트위터를 보다가 아이가 한 말을 놓쳐
서 볼멘소리를 들은 적이 한두 번이 아니다. 내 신경 다발
의 일부가 항상 스마트폰을 향해 촉각을 곤두세우고 있어
서 그 안에서 무슨 이야기가 쏟아지는지, 무슨 일이 벌어
지는지 매시간 확인을 하지 않으면 좀이 쑤시는 것이다.
결국 대부분의 시간 동안 스마트폰에 시선을 고정한 채
지내며 일상의 모든 순간에 타임라인의 이야기들이 쉼 없
이 배경음악으로 울려 퍼지게 되어 버렸다.

소파에 앉아 꼼짝 않고 몇 시간씩 스마트폰 화면을 들여다보다가 번뜩 정신을 차리면 스스로의 한심함에 몸서리가 쳐진다. 하지만 그러고 나서도 내 시선은 다시 트위터 타임라인으로 향한다. 사람들의 강렬한 감정, 내밀한 속마음, 흥미로운 정보가 강한 인력으로 나를 당기니까. 이것도 중독으로 분류할 수 있을까?

사소한 내 일상까지 기록하고, 생각의 편린을 남기고, 한밤중에 누구에게도 말 못 할 감정과 고민, 좌절과 꿈을 털어놓는 곳. 나라는 인간을 복제하거나 재구성하기 위해 자료가 필요하다면 내가 트위터에 써온 텍스트들과 팔로우한 계정들만 아카이빙 해도 충분할 것이다. (실제로 유명인들이 트윗한 내용을 바탕으로 AI를 사용해 마치 그가 직접 인터뷰한 것처럼 글을 작성해 공개한 사례도 있었다.) 인터넷에서 흔한 말로 '자아를 랜선에 의탁했다'는 표현이 있는데 내 자아의 일부도 트위터 서버에 의탁했다고 표현할 수 있지 않을까. 이 세상 어딘가 데이터센터 한구석, 불빛을 깜빡이는 서버에 내 가족조차 모르는 기쁨과 슬픔, 좌절과 고뇌가, 누구에게도 털어놓지 못한 말들이 저장되어 있다.

트위터가 삶에서 너무 큰 지분을 차지하게 된 사실에 위기감을 느끼고 있지만, 이렇게 인생을 저당 잡힌 사람은 한 둘이 아니다. 하루 종일 타임라인에 죽치고 앉아 중얼중얼 트윗을 남기는 사람들 대다수는 이 SNS가 하등 쓸모없는 시간 낭비라고 생각하면서도 여기서 헤어날 수 없음을 인정한다. "페이스북이나 인스타그램에서 못 할 이야기를 여기서는 할 수 있다!"는 게 이들의 (그리고 나의) 변명이다.

페이스북처럼 중언부언 긴 글을 쓸 필요가 없다. 인스타그램처럼 내 삶의 가장 근사한 순간을 찍어서 전시할 필요도 없다. 애초에 트위터는 "커피 한잔 마시는 중"처럼 아무짝에 쓸데없는 이야기나 해 보라며 만들어진 서비스다. 트위터 초창기 "이게 무슨 유용함이 있냐"는 주변인들 말에 창업자인 에번 윌리엄스는 "아이스크림도 별로 유용하지는 않다"라는 말로 응수했다고 한다.

트위터 사용자들은 나를 포함하여 대부분 익명으로 활동한다. 내가 '나'인 것을 모르는 사람들 사이에서는 시답지 않은 생각이나 아무도 안 궁금할 나의 일과나 쏟아 낼데 없는 감정을 내보여도 부담이 없다. 오히려 그래서 나를 드러내고 활동하는 다른 SNS 계정보다 더 애착을 가지고 분신처럼 여기게 된다.

언젠가 우리나라에서 가장 널리 쓰이는 메신저 앱이

데이터센터 화재로 먹통이 됐을 때 한 트위터리안은 이런
말을 남겼다.

"카카오톡이 터졌다 → 신경 안 씀
네이버가 터졌다 → 신경 안 씀
페이스북이 터졌다 → 어쩌라고
트위터가 터졌다 → 사망"

그 중독성을 익히 알고 있기에 트위터리안들은 특정 유
명인들이 오랫동안 트위터를 하다가 그만두는 것을 보면
독하다고 감탄한다. 갑자기 유명해진 만화가라든가 정계
의 부름을 받아 높은 자리로 간 논객이라든가. 이들은 더
이상 구설에 올라서는 안 된다는 듯 서둘러 트위터를 떠났
다. 단호한 결정이지만 십분 이해가 간다. 여기는 '만인의
만인에 대한 투쟁' 상태로 끝없이 논쟁과 논란이 발생하는
곳이라 24시간 타임라인 어딘가에서는 '치고받고'가 벌어
지고, 자칫 말 한마디, 단어 하나에 그 소용돌이에 휘말려
무한한 리트윗으로 조리돌림당하기 일쑤라 "무슨 말을 못
하겠다"는 심정에 살얼음판 걷는 느낌마저 드니까.
특정 이슈가 SNS에 논란의 불을 댕기고, 말과 말이 보
태지면서 화력이 점점 커진다. 한 논란이 사그라드는가

싶으면 또 다른 이슈가 불씨처럼 등장하고, 사람들은 또 말을 얹어 땔감을 넣는 식으로 불길을 살린다. 그리고 이 뜨거운 온도야말로 우리가 트위터를 끊을 수 없게 만드는 동력이다. 아주 끔찍한 성범죄 뉴스를, 인터넷 게시판에 올라온 황당한 고부 갈등 사연을, 본인이 식당에서 당한 불합리한 대접 이야기를 보고 들은 트위터리안들은 부지런히 타임라인에 가져와서 또 다른 이용자들을 흥분시키고 격분하게 만든다. 눈을 뗄 수가 없다. 여기에 이견을 가진 사람들과 논쟁이 붙기 시작하면 불에 기름을 끼얹은 듯 걷잡을 수 없이 이슈의 소용돌이가 커진다.

게다가 말발 좋은 트위터 이용자들의 분노는 얼마나 세련됐는지 사회 현상을 꿰뚫는 날카로운 통찰, 신랄한 은유와 비유, 데이터를 기반으로 한 객관적인 분석까지 트윗 몇 줄에 담아낸다. 그리고 그 개성적인 분노의 말들은 그 자체가 일종의 '2차 창작' 콘텐츠라서 바이럴이 되고 더 많은 사람을 이슈로 불러 모은다. 때로는 그 흥미로움에 가려져 가짜 진실이 퍼져 나가기도 한다는 점은 문제지만.

SNS에 머무르는 동안은 그 안에서 격동하는 여론의 파도에 몸을 맡긴 채 여기저기로 둥둥 떠다니는 느낌이다. 때로는 트위터로 너무 충격적인 사건, 사고의 내막을 접하는 바람에 격렬한 감정이 집채만 한 파도처럼 한바탕

나를 휩쓸고 지나가기도 한다. 그 심리적 여진 때문에 일정 시간 동안 일상에 집중을 못 할 정도다. 나와 관계없는 사람들에게 일어난 일에 이렇게까지 동요하다니, 내 뇌가 SNS로부터 쏟아진 자극에 정상 회로를 벗어났나?

그런데 언젠가 소셜 미디어에 관한 책을 읽다가 실제로 온라인에서 접한 소식이 우리가 실제 겪은 일보다 더 감정을 강하게 촉발한다는 연구 결과를 본 적이 있다. 저널리스트인 찰스 아서는 《소셜온난화》에서 한 조사 결과를 소개했다. 2014년 하버드 대학교에서 미국과 캐나다 사람 1,252명 표본 집단을 대상으로 조사한 결과, 20분의 1이 하루 동안 도덕적이거나 부도덕한 행동을 경험하거나 보았다고 답했다. 그런데 연구 결과를 자세히 들여다보니 부도덕한 일을 보고 겪은 사람 중 30%가 온라인에서, 22%가 직접 경험을, 전통 미디어에서 본 건 10% 미만이더라는 것이다. 이들은 자기 반응의 강도를 척도로 표시했는데 실제 보고 들은 일보다 온라인에서 본 것들에 더 강하게 반응하는 경향이 있었다.

그 이유에 대해 아서는 "인터넷을 이리저리 돌아다닐 때, 일상생활보다 더 충격적이거나 놀라운 일들을 마주칠 가능성이 훨씬 커지기 때문"이라고 설명한다. 전 세계에서 일어난 숱한 일 중에서도 가장 충격적인 뉴스들만이 필터링되어 타임라인에 뜨기 때문에 격한 반응은 당연하다는 거다. 또 아서는 "온라인에서는 '화내기'가 쉽고 대개 결과에 책임을 지지 않는다"고도 덧붙였다. 면 대 면으로 상대에게 직접 분노를 표현하는 건 어려운 행동이지만, 알지도 못하는 사람을 온라인상에서 욕하기란 쉬우니까. 그는 이런 분노의 표출이 나의 순수함, 무결함을 드러내며 강조하는 행위라는 점도 지적한다. 비난의 목소리를 높일수록 나는 그 비난의 대상과 멀리 떨어진 사람인 것처럼 느껴지는 것이다.

이런 여러 요인이 SNS를 사용하는 우리를 자주 분노케 만들고, 그 감정이야말로 우리가 SNS 사용에 중독되게끔 만드는 바이러스다. 인간은 강렬한 느낌을 촉발하는 매개체로부터 떨어지기 힘들어 하니까. 안타깝고, 충격적이고, 공포에 질리게 만드는 소식들이 생채기를 남기면 우리는 그 상처를 회복시키려는 방어 반응의 하나로 분노와 슬픔의 말을 쏟아내는데, 이 과정에서 SNS가 우리 삶의 일부로서 깊고 단단하게 유착된다. 내면의 염증 반응이다.

우물 안 트위터

이른 아침이다. 부스스 일어난 나는 가장 먼저 베개 아래로 손을 뻗어 휴대폰을 꺼내어 시간을 확인한다. 그리고 아주 자연스럽게 트위터 앱을 켜서 타임라인을 훑는다. 간밤의 세상은 평안했는지, 큰 사건이 터지지는 않았는지 확인하는 것이다. 새벽 시간의 트위터는 고요하고 미국이나 유럽 같은 지구 반대편의 거주자들이 불침번을 서며 드문드문 올린 트윗들, 간밤에 다른 나라에서 벌어진 일들에 관한 외신 뉴스 등등이 주로 타임라인을 채운다. 나는 그것들을 읽으며 서재로 간다. 시간은 새벽 6시. 가족들은 아직 한참 잠에 빠져 있다.

컴퓨터를 켜서 조간신문을 온라인으로 훑는다. 그런 뒤 또 트위터에 접속한다. 나처럼 아침 뉴스를 읽은 사람들이 이런저런 기사들을 긁어 올리며 편향적인 보도 행태에 분개하거나 얕은 수작질이 난무하는 정치판을 한심해하고 있다. 나 역시 분노에 동참해 리트윗하거나 격앙된 트윗 몇 개를 남기다 보니 어느새 창밖으로 해가 훤히 뜬다. 하루의 시작이다.

점심시간을 앞둔 때에는 오전 내내 회사의 들볶임을 당한 사람들이 사축社畜의 본분을 망각하고 자신의 신세를 한탄한다. 월급을 받는 대가로 감내하기로 한 각종 부조리에 대한 성토가 빗발친다. 격분에 차서 타임라인을 수놓는 그 문장들은 재치꾸러기들이 모인 트위터에서도 발군이라 할 정도로 주옥같다. 역시 사람은 감정적으로 흥분해야 뭐든 그럴싸한 결과물을 내는 것이다. 그것이 비록 SNS상에서의 하등 쓸데없는 푸념이라고 해도.

애니메이션, 아이돌, 웹소설, 게임처럼 각자가 좋아하는 흥밋거리, 유희거리에 관한 트윗은 하루 종일 끊이지 않는다. 일단 자신이 좋아하는 것에 대한 감정을 우르르 쏟아내는 것은 모두가 '안물안궁(안 물어봤고 안 궁금함)'이라 한들 너무 기분이 좋다. 어쩌다 나와 같은 걸 좋아하는 사람과 조우하면 짝짜꿍 신나게 '덕심'을 풀어놓는 게 또 트위터의 묘미 아니겠는가.

오후 늦게 퇴근 시간을 앞둔 그때야말로 트위터의 트래픽이 폭발하는 시간이다. 일과가 끝나 간다는 안도감과 여유로움에 젖은 사람들이 못다 쓴 트윗을 한꺼번에 올리듯 수다스러워진다. 내 생각과 의견을 토로하고 싶어지는 '벅차오름'이 이 시간에 터지는 것만 같다. 그걸 고스란히 받아 읽고 리액션을 하느라 나 역시도 트위터에서 빠져나오지 못하고 내내 타임라인을 들여다보며 피식거린다.

　　속이 잘 맞는 친구들과 시간 가는 줄도 모르고 한없이 떠드는 것 같은 즐거움과 재미는 타임라인을 구성하는 인적 네트워크의 특징 때문이다. 페이스북에서는 마치 휴대폰 주소록처럼 주로 아는 사람들 위주로 친구 추가를 하고, 인스타그램에서는 잡지 스크랩을 하듯 좋아하는 셀러브리티나 예술가, 트렌드 정보에 밝은 인플루언서를 팔로우 한다.

　　하지만 트위터에서는 모든 면에서 나와 유사성이 높은 사람들을 선별해 팔로우했다. 누군가를 내 타임라인에 들이면 그의 아주 사소한 일상에서부터 삶의 크고 작은 기쁨과 즐거움, 내밀한 슬픔과 좌절까지 담은 활자들이 파도처럼 밀려들어 속수무책으로 그를 알아 가게 되기에 나는 팔로우할 사람을 정할 때도 까탈을 부렸다. 가치관과 관심사, 신념과 취향, 지적 수준이 비슷한 사람에게 흥미가 갔다. 그래서 내 타임라인에는 페미니스트, 진보적인 신념을 가진 정치 고관여층(高關與層, 정치·사회적 문제에 높은 관심을 기울이며 목소리를 내는 사람들), 독서가, 맛집을 찾아다니는 '푸디Foodie'들이 대부분이다. '트친(트위터 친구)'이 '실친(오프라인의 실제 친구)'이 됐을 때 기대보다 더 잘 통해서 절친이 되어 버렸다거나, 트친과 만나서 연애를 하고 결혼에 골인했다는 이야기가 심심치 않게 들리는 것은 그들이 이미 삭사의 기준을 통과한 사람들이기 때문일 것이다.

돌아보면 내가 트위터를 갓 시작했을 때만 해도 이렇지 않았다. 아이폰이 처음 스마트폰 시대를 열었던 당시, 각종 SNS 서비스가 등장해 사람들의 연결 욕구를 촉발하면서 트위터 사용자는 2008년경부터 급격히 늘어났다. 나도 그즈음 스마트폰을 처음 장만하고 트위터 계정을 만들었는데, 익명의 불특정 다수와 친분을 맺는 소셜 미디어 생태계에 흥분하며 여러 유명인은 물론 눈에 띄는 사람들 대부분을 닥치는 대로 팔로우했던 기억이 난다.

하지만 그것도 잠시, 얼마 지나지 않아 나름의 필터를 통해 옥석을 가려내기 시작했다. 남성우월주의자 '언팔로우', 내가 응원하는 정치인을 욕한 사람 '언팔로우', 내가 언급하는 책과 영화에 대해 대뜸 그게 뭐냐고 묻는 눈치 없고 무식한 사람 '언팔로우'…….

새롭게 팔로우하는 사람도 신중하게 선택했다. 다양한 사람들을 팔로우하는 것처럼 보이지만, 실은 나와 정치 성향도, 취향도, 나이대도 비슷해서 서로가 기본적인 수준에서의 공감대를 형성할 수 있는 사람들에 한해서였다. 드넓은 바다에서도 같은 조류를 타고 같은 심도에 사는 물고기들만이 마주치는 것처럼 말이다. 10여 년 동안 트위터에 상주하다시피 머물러 온 내게는 사람들 간 네트워크가 점점 더 밀도 높은 유사성을 지닌 집단으로 뭉쳐 가는 것이 명백히 보였다. 언젠가 부르디외가 말하는 아비투스가 내 삶의 조건에 따라 체화된 행동, 지각, 사유의 성향이라는 설명을 들었을 때 어쩌면 내 트위터 계정의 팔로워와 팔로잉 목록이야말로 아비투스의 정수일 수 있겠다는 생각이 들었다.

비슷한 가치관을 가진 사람들끼리 네트워크를 형성하면 다 같이 한목소리를 내면서 신념을 공유하고 강화하는 '반향실 효과echo chamber effect'를 누린다. 너무 많은 사람들의 생각이 폭발적으로 온라인에 쏟아져 나오는 이 시대에 반향실 안에 머무는 사람들끼리 서로 동질성을 확인하고, 숫자로 기록되는 '좋아요'와 리트윗으로 자기 확신을 얻고, 트위터라는 세상에 소속감을 느끼며 안심하게 된다. 전통적 가치와 사회 지배적 신념이 사라진 탈가치와 다양성의 시대, SNS상의 우연하고도 선택적인 연결 덕분에 이용자들이 무리를 짓고, 가치 체계를 공유하고 강화해 온 것이다. '나는 틀리지 않았어'. 필터 버블을 거쳐 우리 입맛에 맞는 소식들만이 쏟아져 들어오는 이 방은 얼마나 아늑한가. 비록 그게 현실과 괴리가 큰 세계라 할지라도.

2016년 5월 19일 오후, 나는 강남역 10번 출구 앞에 쪼그려 앉아 있었다. 이틀 전 강남역 근처 노래방에서 벌어진 살인 사건 피해자 여성의 참혹한 죽음을 애도하기 위해 많은 여성이 헌화하고 추모의 글을 남기는 현장이었다. 사건에 관한 기사를 쓰기 위해 나는 헌화를 한 여성들을 상대로 취재를 마친 뒤 한숨 돌리고 있었다. 그때 같은 팀 후배 기자가 역 출구로 나오는 모습이 보였다. 놀라서 손짓을 하자 그도 나를 알아보고 얼른 다가왔다. 옆에 앉자마자 그가 던진 말은 놀라웠다.

"이게 이렇게까지 할 일인가 싶어요."
"왜 그렇게 생각해?"

"이건 그냥 '묻지 마 범죄'잖아요. 딱히 여성을 혐오해서 죽인 것 같지는 않거든요."

재빨리 반격할 말을 찾으면서 생각했다. 이럴 수가! 트위터의 많은 여성은 물론 내가 팔로우한 페미니즘에 친화적인 남성들까지 이 사건은 인터넷 남초 커뮤니티들에서 시작해 전 사회적으로 번진 여성 혐오 정서의 결과라고 생각했다. 그래서 그동안의 숱한 여성 상대 강력 범죄와는 다르게 거세게 분노하며 해시태그를 달아 사건을 알리고 적극적인 추모 행동으로까지 나선 것이다.

나름 직업이 기자인 후배조차 저리 반응하는 걸 봐서는 트위터 밖의 대다수 사람, 특히 남자들은 전혀 동의하지도 않고 애초에 우리들이 무슨 말을 하는지 이해하지도 못할 거라는 느낌이 들었다. 그렇다면 나는 세상에 차별이 존재한다는 기본 전제조차 동의하지 않는 사람들에게 어떤 글을 써 보여 줄 것인가.

막막했다. 그날만큼 내 타임라인과 그 바깥세상의 괴리를 통렬하게 실감했을 때가 없었다.

'트위터 세상'은 그저 '트위터'일 뿐이다. 이 우물 바깥의 온라인 공론장에서는 젠더 이슈에 관해 오히려 '역차

별'을 주장하는 '남초 커뮤니티'의 흥분된 반응이 주를 이룬다. 한편으로는 비정한 자본주의와 고루한 가부장제를 당연하게 받아들인 채 획일화된 삶의 방식 외에는 상상하지 못하는, 보수적인 절대다수의 사람들이 언제든 우리를 이상한 눈으로 쳐다볼 준비를 한 채 득실대고 있다. 진보적인 시각으로 다양성을 포용하며 살고 싶어 하는 나, 성차별이 여성을 좌절시키는 장면들을 복기하며 분개하는 나는 '바깥'의 사람들이 지닌 견고한 보수성과 편협함에 부딪쳐 좌절하고 슬금슬금 물러나 우물 속으로 다시 들어가서 바깥세상의 부조리함을 토로하곤 했다. 이해받지 못하는 저곳에 비하면 '좋아요'와 '리트윗'으로 한껏 공감을 얻는 이곳은 얼마나 안온한가!

하지만 그날 내가 후배를 설득할 말을 제대로 찾아내지 못했던 것 역시 그 안온함에 젖어 있었던 탓은 아닐까, 나와 비슷한 생각을 하는 사람들과만 교류하느라 다른 의견에 반박하고 설득할 말을 잃어버린 것은 아닐까, 이따금 생각한다. 내 목소리로 현실의 벽을 깨기보다는 동조하는 무리로부터 손쉬운 동의, 만족스러운 자기 확신을 획득하는 것에 익숙해져 버린 것이다. 비단 트위터뿐만 아니라 보수 성향이든 진보 성향이든, 여성 위주든 남성 위주든 간에 모든 온라인 커뮤니티는 그 집단의 폐쇄성으로 인해 여론을 극단적으로 분열시키고 타협 없는 사회를 만들어 가고 있다. 우물은 그저 고립의 공간으로 머무는 것이 아니라 진영 간의 전투를 도모하는 진지가 된다. '연결됨'이 지닌 한계가 내 세계를 한정시킨다는 것을 알기에 그 안에서 안주하고 있는 나 자신에게 실망하면서도 매일 트위터에 코를 박고 사는 처지다. 이 즐거움 속에는 틀림없이 씁쓸한 죄책감이 있다.

그곳에 사람이 있다

처음 PC통신에 가입한 것은 중학교 2학년 때였다. 정보도 드물던 그 시절, 컴퓨터를 잘 알지도 못하던 나는 관련 서적을 뒤져 모뎀 연결하는 방법을 간신히 알아내 컴퓨터에 전화선을 꽂고 부모님 몰래 PC통신에 접속했다. 지지직거리는 모뎀 연결 음이 끝나고 나서 펼쳐지는 파란 화면 위로는 무수한 채팅방의 목록들이 끝없이 이어졌고, 강한 호기심에 끌려 그곳에 들어가 보면 얼굴도 모르는 사람들이 인사를 주고받고 스스럼없이 말을 걸어 왔다. 처음 경험해 본 불특정 다수와의 무한한 연결 가능성은 경이로울 지경이었고 평생 촌구석에서만 살다가 처음으로 바다 수평선을 마주 본 사람처럼 심장이 쿵쾅거렸다.

여유가 없어져 가던 가정 형편 때문에 쪼들리는 마음을 나눌 만한 친구도 딱히 없었던 내게 얼굴을 본 적도 없이 아이디로만 존재하는 사람들과의 대화가 얼마나 반가웠던지. 거기서 자주 마주치던 또래 아이들과 친해지고 친구가 되어 가던 과정이 얼마나 즐겁던지, 전화비 생각도 잊은 채 밤을 새워 가며 채팅을 하다가 부모님께 눈물이 쏙 빠지도록 혼이 나곤 했다.

그 시절, 잠들기 전 컴퓨터를 끄고 어두운 방에 누워 있을 때에도 컴퓨터 모니터를 바라보면 어쩐지 든든한 마음이었다. 수많은 사람이 접속해서 함께 떠드는 온라인상의 공간이 저 꺼진 컴퓨터 너머에 존재하고 있다. 언제든 나도 통신에 접속하기만 하면 그들과 연결될 수 있다. 그런 사실을 떠올리면 마치 닫힌 저 방문 너머 거실에 익숙한 이들이 왁자지껄 모여 노는 소리를 들으며 잠드는 것 같았다. 야밤의 적막 속에서 불현듯 밀려오는 쓸쓸함이 그 가상의 소리에 떠밀려갔다.

수십 년 전의 PC통신이든 오늘의 트위터든, 나로 하여금 익명의 사람들로 가득 찬 온라인 네트워크에 투신하게 만드는 것은 언제나 외로움, 그 처치 곤란한 근원적 허기였다.

PC통신에 전율하던 어린 시절을 지나 20년이 넘게 흐른 후의 나는 여전히 외로웠다. 절친한 사람들과 어떤 계기로 인해 멀어졌고 알코올중독으로 인해 고립된 채 지내던 생활 방식이 굳어져 버리면서 친구나 지인들이 불러도 응답하기를 주저할 정도로 타인과의 만남을 기피했다. 어린 시절 힘찬 포부를 갖고 시작했으나 보잘것없는 지점에서 멈춰 선 커리어, 새롭게 도전했으나 금세 실패로 돌아가 버린 사업. 나는 사회적 지위를 잃으면서 세상에 유용한 쓸모가 없는 사람, 무명의 존재로 추락한 것만 같았고 이런 나를 남들이 어떻게 볼까 두려워하면서 타인과의 접촉을 피했다. 나 자신에 대한 자신감을 잃기 시작하자 마음의 문은 스르륵 닫혔다. 자존심 강한 사람이 자기 자신을 유지하는 데 필요한 최소한의 자신감조차 지키지 못하면 주변을 어떻게 허물어뜨리기 시작하는지, 나는 이제 너무 잘 안다.

그렇게 삶이 황량해지는 동안 나는 SNS에 파묻혀서 길고 긴 시간을 보냈다. 누군가 전지적 시점으로 나를 본다면 꽤 심각하다고 느꼈을 거다. 휴대폰 화면에 시선을 고정하고 소파에 푹 파묻혀 몇 시간 동안이고 꼼짝하지 않은 채 계속 계속 스크롤만 올리며 끝없이 갱신되는 남들의 이야기를 읽으며 웃고 화내고 심각해지곤 했다. 최소한 그동안만은 외로움이든 불안함이든 어지간한 불편한 감정은 뒤로 미뤄 놓을 수 있으니까.

그러던 어느 날, 스크롤바를 끌어 내려 타임라인을 갱신시켜도 더 이상 새로운 트윗이 없어서 두 눈이 방황하던 순간, 문득 인정하고 싶지 않던 사실을 깨달았다. 내가 몹시 외로워서 타인과의 관계를 간절히 갈구하고 있다는 것을. 누군가를 직접 만나서 테이블 건너편에 앉아 눈을 마주치며 긴 이야기를 나누고 싶다. 교감하며 신뢰와 애정을 쌓는 과정에서 위로받고 싶다. 한데 절절한 깨달음의 순간 가장 먼저 찾아온 감정은 자기 연민이 아니라 수치심이었다. 홀로 된 내가 부족하고 자격이 없어서 이런 처지를 자초한 거라며 스스로를 강하게 자책하며 부끄러움에 떠는 감정. 그 다그침에 타인에게로 다가갈 용기는 사라져 간다.

《수치심 권하는 사회》를 쓴 심리 전문가 브레네 브라운은 수치심이 타인과의 관계를 깨 버리는 현상을 이렇게 설명한다.

> 나는 수치심을 '단절에 대한 두려움'이라고 표현하곤
> 한다. 단절에 대한 두려움이란 자신이 문제가 있고
> 쓸모가 없어서 남들한테 외면당하고 무리에 소속되지
> 못하는 두려움을 말한다. 수치심은 자신에 대해 솔직하게
> 말하지 못하게 막을 뿐만 아니라 타인이 솔직하게 하는

이야기에도 귀를 막게 만든다.

《수치심 권하는 사회》,

서현정 옮김,

가나출판사, 2019

나는 외로워서 수치를 느꼈지만, 실은 그 수치심 자체
가 타인들로부터 고립될까 두려워하는 감정이라는 것이
다. 두 감정은 각각을 증폭시키며 두려움을 소용돌이치게
만들었고 더 깊고 좁은 구덩이로 추락시켰다. 외로움은 외
부와 관계 맺음으로써 해소될 수 있는 응어리인데, 정작
그 감정에 점철될 때는 나를 드러낼 자신감을 잃은 상태
라 옴짝달싹 못 하는 처지가 됐다.

이런 상황에서 SNS에 매달린 건 지극히 당연한 선택
일지도 모르겠다. 아이디와 프로필 사진 뒤에 나를 슬쩍
감출 수 있는 온라인에서의 교류라면 수치심으로 연약해
진 자아로도 감행할 만하니까. 마른 뿌리가 젖은 땅으로
뻗어 가듯 내 시선은 트위터 타임라인을 끝없이 훑어 올
라가고 남들의 일상, 감정, 생각, 분석과 같이 원래는 '관계
맺음'이라는 모험을 감행해야 남과 공유하게 되는 것들,
하지만 이제는 온라인 도처에 널린 그것들을 탐욕스럽게

읽어 나갔다.

SNS를 통해 남의 가장 내밀한 이야기들을 엿보며 누군가를 진실로 알아 가고 있다는 따스한 친교의 환상을 느낄 수 있었다. 아니, 이건 정말 환상일까? 20년 지기 친구가 최근 한 달간 무슨 생각을 하고 사는지는 전혀 알지 못하지만, 매일 타임라인에서 보는 '트친'의 소소한 일상, 아침은 뭘 먹었는지, 요즘 회사 분위기는 어떤지, 요즘 사는 낙이 무엇인지는 속속들이 알고 있는데 그럼 누가 더 내게 가까운 사람인 걸까? 친구한테보다 SNS에서 더 솔직해지는 순간들을 떠올려 보면 이게 현실 관계를 압도할 만한 대체재가 되지 못할 건 또 뭐란 말인가.

남과 연결되는 기쁨만큼이나 SNS를 굴러가게 만드는 또 하나의 강력한 동력은 하고 싶은 말을 쏟아 내며 느끼는 즐거움이다. 대화처럼 상대를 배려할 필요도 없고, 아무도 궁금해하지 않을 소리를 지껄인다 해도 여기서는 괜찮다. 심지어 가끔 누군가 그런 객쩍은 소리에 반응까지 해 준다! 여기서 느끼는 해방감이랄지, 배설 욕구의 만족감이랄지는 해 보지 않은 사람들은 모를 엄청난 쾌감이다.

이는 과학적으로도 입증된 욕구인데, 하버드대 신경과학자 제이슨 미첼과 다이애나 타미르는 사람들의 두뇌에

스캐너를 연결해 그들이 자기 자신에 대해 말할 때와 제삼자에 대해 말할 때 어떤 차이가 있는지 관찰했다. 사람들이 자기 이야기를 할 때는 음식이나 돈, 섹스 같은 직접적인 보상에 반응하는 대뇌변연계의 도파민 회로가 활성화됐다.

두 사람이 수행한 다른 연구에서는 사람들에게 설문지를 나눠 주고 그것에 적힌 질문에 대해 침묵하는 것과 자기 생각을 이야기하는 것 중 하나를 선택하게 했다. 침묵을 지키면 보상금을 더 많이 받을 수 있었다. 대다수 사람은 돈을 덜 받더라도 자기 이야기를 하는 편을 택했다.

'하고 싶은 말을 한다'는 단순한 행동이 섹스와 같은 종류의 쾌감을 선사한다는 것이 흥미롭지 않은가. 상대방과 망한 섹스를 한 이야기는 세상에 차고 넘치지만 자위에 실패한 이야기는 드문 것처럼, 누군가와의 대화가 반드시 즐거우리라는 보장은 없지만 SNS에 내 이야기를 실컷 해 버리는 건 가려운 곳을 긁는 듯한 속 시원함을 선사한다. 심지어 그 혼잣말이 동의의 표시인 '좋아요'나 이런저런 멘션을 받고, 뜻밖의 호응을 얻어 수백 번, 수천 번씩 리트윗되다니. 내 이야기를 하면서 1차로 쾌감을 느끼고 그 이야기에 대한 피드백을 보며 2차 쾌감을 느끼는 이 액션과 피드백의 순환이 강력한 중독성을 발휘한다. 화면에서 눈을 떼지 못하게 한다.

그리고 그 화면 너머에는 언제나 사람이 있었다. 나의 이야기를 기꺼이 들어 줄, 자신의 마음을 열고 속이야기를 털어놓아 줄 사람들이. 무한한 연결성이 인류에게 축복이 될지, 재앙이 될지 모르는 채로 온라인 속 광장에 누군가 모여 있다는 이유로 속절없이 이끌리는 사람들이.

도망친 곳에 낙원은 없다

내가 나열한 트위터의 즐거움들은 생각해 보면 사람들이 SNS에서 더 자유롭고 솔직해지는 개방성 덕분인데, 그건 결국 우리가 익명의 타인이기에 가능하다. 사회에서 이런 저런 인연으로 얽힌 사람들끼리 하듯이 서로 간의 적정 거리를 가늠하고 지위와 체면을 지키는 선에서 소통의 수위를 정할 필요가 없다. 저 사람이 나를 어떻게 여길지, 나에 대해 어떤 평을 주변에 하고 다닐지 걱정하지 않아도 된다. 현실에 접점이 없어 서로 영향을 미칠 리 없는 사람들과의 가벼운 연결, 그 적당해서 안온하고 무해한 거리감이 우리를 자유롭게 한다. 하지만 SNS에서 가감 없이 속내를 드러내는 것이 아이러니하게도 우리 사이의 '거리' 때문에 가능하다는 점은 결국 여기서 우리가 아무리 타인과 밀접해진 느낌을 받더라도 그게 '실재'는 아니라는 의미도 되겠다.

SNS라는 네트워크를 통해 소통과 친교의 안락함을 누리긴 했지만, 그게 내 사회적 욕구를 완전히 해소해 주기에는 근본적인 한계가 존재한다. 내가 10년간 하던 기자는 매일 낯선 사람을 만나 명함을 건네고, 안면도 없는 사람에게 전화를 걸어 이것저것 물어 대는 직업이다. 그러다 돌연 틀어박혀 혼자 글을 쓰는 삶을 살자니 이건 수도승이 따로 없었다.

가끔은 갑갑해서 친구와 지인이 그리워지기도 했지만, 이젠 오히려 혼자 보내는 시간이 익숙해진 걸까? 언제부턴가 누군가를 '실제로 만나기'가 숨 막히는 선택지로 다가온다. 타인이 나를 보기 위해 시간과 발품을 들여 약속 장소까지 나와 하루의 일부를 내준다면 나는 그 수고에 보답하기 위해서라도 즐거운 시간을 선사해야겠지? 상대에게 매력적인 사람으로 보이면서 즐겁고 유익한 대화를 나눠야 마땅할 텐데, 그 부담을 짊어지는 게 엄두가 나지 않는 것이다.

그래서 나는 그냥 혼자 있었다. 스마트폰 화면에 코를 박은 채 타임라인을 하나하나 읽고 있으면 적적함이나 외로움 같은 감정에 머릿속 일부를 점령당하지 않고 견딜 만했다. 글을 쓰든 뭘 하든 생산적인 활동에 투신하며 '잘' 살아 내야 하는데 '그러지 못하고 있다'는 생각으로 인한 불안감, 자책감, 스스로에 대한 실망감이 덮쳐 올 때마다 트위터에 접속했다. 그곳에는 항상 다른 사람들의 각양각색 이야기가 쏟아져 나오고 있고 격렬한 감정들이 물결치고 있어서 멍하니 휩쓸리다 보면 내 감각이 마비되면서 원래 가졌을 불안과 실망으로 인한 고통을 느끼지 않을 수 있었다. 일종의 회피 전략, 결국은 현실 도피였다.

언젠가 트위터 사용 시간을 줄여 보려는 애처로운 노력의 일환으로 휴대폰의 스크린타임 제한 기능을 활성화한 적도 있다. 2시간 이상 트위터를 하려고 하면 스마트폰이 15분만 연장하겠냐고 묻는데 그 15분이 체감상 3~4분 만에 바닥나는 걸 깨닫고 충격을 받았다. 이런 식으로 1시간을 15분처럼, 반나절을 한두 시간처럼 허투루 써 버린 걸까? 알코올중독에 빠져 있던 시절, 내게 주어진 시간을 채우기 위해 술병을 비우는 방법을 택한 것처럼, 처치 곤란한 '현재'를 지나쳐 가기 위해 타임라인 스크롤을 내리며 시간을 '빨리 감기' 한 것이다. 공허하게 시간 보내는 스스로를 자책하면서도 아낌없이 시간을 허비하며 살다니……. 스스로를 궁지로 몰고 괴롭히는 자해 행위나 다름없지 않은가.

정도의 차이는 있지만 회피의 정서로 SNS를 찾는 건

일반적인 행동 패턴이다. 지하철을 타거나, 주문한 커피를 기다리거나, 이렇게 아무것도 하지 않아도 되는 공백 같은 시간이 주어질 때 우리 머릿속에 다양한 상념이 떠오르는데, 불안이라는 갈퀴는 그것 중에서도 꼭 부정적인 것들만을 낚아 올려 뇌에다 꽂는다. 최근에 실수한 일, 가족에게 발생한 우환, 서운하게 만든 친구들. 그럼 우리는 잠시 심란해하다가 자동 반사적으로 호주머니 속에 손을 뻗어 스마트폰을 꺼내 들고 온라인에 무슨 재미있고 충격적인 이야기가 올라오고 있는지 관심사를 돌려 버린다. 불안 요소를 반추하는 것은 원시 인류를 생존에 유리하게끔 만들어 준 본능이지만 이제 현대인들은 야생동물보다 불쾌한 잡생각을 더 두려워하기 때문에 짬 날 때마다 스마트폰을 꺼내는 습관을 기꺼이 몸에 들인 것이다.

답답한 지하철에서 낯모르는 사람들 틈에 끼어 30~40분을 가야 하는 이 불편함에서 도피하기 위해, 주문한 커피가 나오기까지 기다려야 하는 5분의 지루함에서 도피하기 위해 우리 시선은 손바닥 위에 놓인 피난처로 향한다. 지하철을 타고 가다가 맞은편 좌석에 일렬로 앉은 사람들이 스마트폰을 절박하게 붙잡고 뚫어져라 노려보는 걸 보면 '저 사람들 지금 여기가 어지간히 끔찍한 모양이네'라는 생각이 든다.

물론 잠깐의 지루함이나 상념의 불편함을 피하려 휴대폰을 보는 것과 나처럼 인생 그 자체를 잊어버리려 SNS에 대부분의 시간을 쓰는 것은 학교를 하루 땡땡이치는 것과 퇴학하는 것만큼이나 큰 차이다. 게다가 그 유명한 말처럼 "도망친 곳에 낙원은 없었다". 현실에 충실하지 못한 스스로를 외면하기 위해 열심히 읽어 내려간 타임라인에는 정작 다른 사람들의 충만한 삶의 이야기가 가득했다. 커리어의 발전을 위해 분투하고, 아이를 건강하게 키우기 위해 고민하고, 세상에 이로운 삶의 양식을 궁리하는 강인하고 열정적이며 유능하고 심지어 다정하기까지 한 사람들. 그런 그들이 이따금씩 "직장에서 승진했다"거나 "책을 '또' 출간했다"는 등 자신이 일궈 낸 성취를 트위터에 슬며시 적어 둔 것을 보면 나는 순수하게 감탄하고 진심 어린 축하를 보내면서도 속이 울렁거리는 느낌을 부정할 수 없었다. 그저 가만히 소파에 파묻혀 있을 뿐인데 남들이 너무 빠르게 나를 스치고 날아올라 가는 통에 내가 추락하는 것만 같았다.

SNS 너머의 그들은 각자의 인생 중 빛나는 순간, 그 한 조각을 자랑한 것에 불과하지만 타임라인에서 수많은 사람을 지켜보는 내게는 각자의 조각들이 눈부시게 합쳐지면서 내 인생에 짙고 어두운 그림자를 드리우는 느낌이었다. 그렇다고 내가 특별히 질투가 심하거나 열등감이 많은 사람은 아니다. 타인에 관해 알게 됐을 때 나와 비교하게 되는 건 현재를 점검하고 개선하려는 뇌가 정보 처리를 하는 당연한 방식일 뿐이니까.

문제는 가족이나 이웃 같은 주변의 소박한 준거 집단에 의거해 삶을 꾸려 나가던 시절과 달리 현대사회에 온라인이라는 온 지구를 구석구석 덮는 연결망이 주어지면서 멀고도 많은 타인에 대한 이야기가 필요 이상으로 쏟아져 들어오기 시작했다는 점이다. 물건과 경험을 구매하고 만끽하는 데 망설임이 없는 부자들, 자기 분야에서 최고 대우를 받는 능력자들, 두터운 팬층을 끌고 다니는 인플루언서를 보면서 우리 내면이 위축되고 초조해지는 게 과연 우리가 터무니없이 유약하고 자존감이 낮은 사람이라서 그런 걸까? 수용 가능한 수준 이상의 기준을 외부로부터 부여받는 지금의 환경이 문제가 아니라? 우리는 만족할 줄을 모르는 존재가 된 것이 아니라, 만족을 허용하지 않는 세상에 살고 있어서 풍족한 와중에도 더, 더 경쟁으로 치닫는 삶의 방식을 추구할 따름이다.

결국 SNS를 하며 참 많은 위안을 얻었음에도 약 주고 병 주는 것 같다는 생각을 지울 수 없었다. 울적한 인생을 외면하기 위해 트위터를 했지만 그로 인해 인생을 더 허비했고, 외로움을 잊으려 트위터를 했지만 소외감만 더해질 뿐이었다. 갈증이 난다고 소금물을 들이켠 것이나 마찬가지다. 제자리걸음 하는 현실은 '실질적으로' 그대로인데 SNS를 하며 잠깐의 재미나 충만감을 얻고 그저 '감각적으로' 괜찮은 상태에 안주했다. 남들의 이야기나 정보를 부지런히 읽으며 그저 눈으로 세상을 쫓는 것은 사회에 참여하는 듯한 '기분만' 낼 뿐이다. 기실 나는 무기력한 상태로 내 삶에조차도 참여하고 있지 않았는데 말이다.

정작 내게 필요한 것은 불완전한 연결보다도 완벽한 고립이었다. 할 일 없이 누워 있는 걸로 인생을 끝낼 것이 아니라 원래 계획대로 나만의 이야기를 세상에 내보이고 싶었다면, 외부 소음을 차단하고 적막을 유지한 가운데 내 머리에서 정제되지 않은 형태로 간헐적으로 흘러나오는 고유의 생각들을 포착하고 새로운 통찰이 담긴 글로 직조해 내야 했다. 창작은 고요하고 어두운 가운데서 진행되기에 외로움과 지루함 같은 성가시고 불편한 감정은 응당 견뎌야 하는 몫이다. 아니, 굶주림이나 채찍질로 깨달음을 얻으려는 고행자처럼 그런 괴로움을 온전히 감각함으로써 더 치열하게 주제를 파고들 수 있었을지도 모른다.

파랑새는 까마귀

사실 SNS에 푹 빠져 살면서 오싹할 정도의 심각한 위기감이 들었던 것은 이걸로 인해 얼마나 긴 시간을 낭비했는지 깨달은 순간도, 남들과 비교하며 열등감에 시달리던 때도 아니었다. 내 두뇌가 퇴화한 것 같은 느낌을 받은 때야말로 심장이 쿵 내려앉았다. 특정 정치 이슈에 관한 생각이나 영화에 대한 감상 같은 것을 글로 남기려 했을 때 나만의 느낌과 해석, 논리가 머릿속에 퍼뜩 떠오르지 않았고 그 대신 SNS에서 남들이 뭐라고 했나 기웃거리며 찾아보는 스스로를 깨닫고 '이거 큰일이구나' 싶었다.

하루 종일 SNS를 본다는 건 하루 종일 남들이 쓴 글을 읽는다는 뜻이고, 그게 습관이 되다 보니 세상만사에 관한 '내 의견'이 사라져 버린 것이다. 내 머릿속보다 남의 생각을 더 자주 들여다보는 과정에서 스스로 생각하는 힘이 남아 있을 리가. 기자로 일하던 시절 같았다면 30분이면 후딱 써 버렸을 내용의 글을 이제는 서너 시간이 걸려서야 겨우 완성했다. 논리적 귀결을 짜맞추는 머리가 삐걱삐걱 돌아가고 세상의 이면을 꿰뚫어 보는 눈이 희뿌옇게 뒤덮였다. 본래 내가 가졌던 지능이 후퇴해 과거의 역량을 상실한 것만 같았다.

SNS를 좀 오래 한다고 해서 총명함을 잃는다고? 믿고 싶지 않지만 디지털 중독을 다룬 뇌신경학자나 심리학자들의 책을 몇 권만 읽어 봐도 그게 충분히 가능한 일이며 이미 내 머릿속에서 일어난 일이라는 것을 알 수 있다. 불안은 영혼을 잠식한다고 했던가. SNS는 잠시 잠깐 내면의 불안을 잠재울지는 몰라도 SNS에서 들려오는 그 멈추지 않는 소음은 알지 못하는 사이 내 의식과 인지를 조금씩 잠식해 버린 것이다.

나는 잡지 기자로 일하던 시절 기사 마감을 하느라 밤을 새던 어느 날을 떠올렸다.

시간은 어느덧 자정. 나는 식탁에 노트북을 켜 놓은 채 손바닥으로 연거푸 얼굴을 문지르고 있었다. 마감까지는 대략 9시간이 남았고 원고지 60매 분량의 기사를 마감 전에 완성해야 한다. 노트북 화면에 떠 있는 흰 문서 화면에는 진부한 기사 리드 문장 몇 개만이 떠 있고 나는 그 뒤를 이어 갈 문장들을 좀처럼 떠올리지 못하고 있었다.

일단 인터넷으로 기사 주제와 관련된 자료 하나를 검색해 들여다본다. 무슨 말인지 잘 이해가 안 간다. 잘 모르는 용어 하나를 구글에 검색해서 찾아보다가 슬쩍 마우스 커서를 옮겨 트위터 사이트가 떠 있는 브라우저 탭을 눌렀다. 코가 가려워서 긁는 것처럼 자동 반사적인 행동 전환이라 망설임도, 고민도 없다. "기사 쓸 시간도 부족한데 SNS라니 제정신이냐." 이런 이성적인 목소리가 끼어들 틈도 없다.

자정이면 사람들 트윗이 슬슬 뜸해질 시간이지만, 기사에 매달려 있느라 몇 시간 동안 못 읽은 타임라인이 쌓여서 볼거리는 충분하다. 정치 이야기, 웃긴 실수담, 연예계 가십, 범죄 기사, 각자의 소소하고 사적인 이야기, 시시껄렁한 불평 등등을 읽어 내려가다 보면 아까 자료를 읽을 때는 발휘할 수 없던 집중력이 샘솟아 시간 가는 줄을 모른다.

그러다 번뜩 정신을 차리고 다시 문서 페이지로 황급히 돌아갔다. 어디까지 했더라? 방금 머릿속에 기사 앞부분 전개 구조에 대한 발상이 희미하게 떠올랐는데 잠시 딴짓하는 사이에 생각이 휘발되어 버렸다. 나는 다시 이마를 문지르면서 문서 페이지를 뚫어져라 노려보기 시작한다. 트위터는 보는 그 순간부터 즉시 몰입이 되는데 일은 다르다. 잠깐만 주의를 돌려도 생각의 갈래는 온 사방으로 흩뿌려지기에 그걸 하나하나 다시 주워 담고 모으고 정리하고 재배열해야 글로 옮기는 작업 진전이 가능해진다. 그 지난한 과정 동안 슬며시 지겨워지고 의식하지도 못한 사이 또 트위터 창으로 옮겨 가 타임라인을 들여다본다. 방금 전 내가 이 짓을 하느라 귀한 시간을 낭비한 후 경악하고 후회했다는 사실을 까맣게 잊은 것처럼.

수치스러워서 인정하기 싫었지만 매번 이렇게 SNS에 정신이 팔려 집중력을 잃고 기사 마감 시간이 한없이 늘어지곤 했다. 그래도 사람은 누울 자리를 보고 다리를 뻗는 법. 일간지 산업부에서 기자로 일하던 때에는 기사를 작성하는 데 매일 두세 시간밖에 주어지지 않기 때문에 마감 중에는 트위터의 T자도 머릿속에 들어설 틈이 없었다.

문제는 주간지, 월간지나 일간지의 주간 섹션 지면을 만들며 주간 마감, 월간 마감을 하던 때다. 마감 시간이 비교적 길게 주어지다 보니 딴짓에 시간을 허투루 쓰기 일쑤였다. 아니, 그래도 그때는 데드라인이라도 있었다. 홀로 책을 쓰는 작업은 엄수해야 할 마감 기일이라는 게 딱히 없어 원고와 씨름하다가도 툭하면 딴짓으로 빠졌고, 그 딴짓의 8할이 트위터였다.

스스로의 한심함에 치를 떨면서도 이는 불가항력적이라고 항변해 본다. 일을 할 때도 정보를 검색하고 자료를 들여다봐야 하기 때문에 온라인 접속 상태를 유지하게 되는데, 그러다 보면 자연스럽게 '온라인에서 할 수 있는 다른 것들'로 주의가 옮겨 간다. 모든 사이트와 모든 브라우저 창들이 다 하나의 물길로 이어져 있기라도 한 듯 조금만 주의를 놓치고 일을 향한 집중을 잃기만 해도 급류를 타고 다른 물줄기로 쑥 빠지는 것이다. 오프라인 활동이 시간과 공간에 제한받고 분절되는 것과 달리, 어디로든 즉각 연결되어 무엇이든 할 수 있는 온라인 상태의 무한계성이 온라인에서 작업을 수행해야 하는 사람에게는 몰입의 한계로 작용한다.

먼 옛날, 인터넷이라는 것이 널리 쓰이기 전 과거에는 이렇지 않았다. 학창 시절 중간고사 기간을 떠올려 본다. 코앞에 닥친 시험공부를 포기하고 만화책을 보려면 지금 보던 교과서를 덮고 책장으로 가서 만화책을 빼 들고 침대에 누워야 한다. 그 동작들을 순서대로 행동에 옮길 때마다 죄책감, 망설임, 심란함 등등이 뒤섞인 심리적 장벽이 나타났기에 나는 의자에서 엉덩이를 들다 말거나, 침대에 누웠다가도 다시 일어나 책상으로 돌아왔다. (제법 모범생이었다.) 그때 내 주의력은 잘 부스러지긴 했지만 어쨌든 점성이 있는 고체 상태로 존재했다. 지금은 어떤가. 글을 쓰다가도 만화를 보거나 게임을 하고 싶어지면 손목만 약간 움직여 손가락을 두세 번 까딱거리면 된다. 딴짓을 행동으로 옮기는 것이 움직임이 거의 필요하지 않은 뇌의 일이 되어 버리면서 통제가 더욱 어려워진 것이다.

우리를 정보의 바다로 연결해 주는 일용할 도구인 PC는 턱없이 부족한 CPU로 프로그램 한두 개 돌리기도 버겁던 과거의 것에서 오늘날의 용량 크고 성능 좋은 제품으로 빠르게 교체되었고, 많은 양의 정보를 빠르게 전송하는 통신망까지 더해져 지금은 프로그램이고 브라우저 창이고 몇 개씩 띄워 놓고 이것저것 옮겨 가며 작업하기에 충분하다. 여기에 운영 체제가 더 많은 작업을 동시다발적으로 처리할 수 있는 인터페이스를 구축하면서 PC는 멀티태스킹에 최적화됐다.

스마트폰도 마찬가지다. 예전에는 아이폰에서 특정 앱을 쓰다가 다른 앱으로 넘어가려면 홈 버튼을 눌러서 홈화면으로 돌아갔다가 다른 앱을 찾아서 눌러야 했다. 하지만 지금은 특정 앱을 쓰다가 디스플레이 하단을 아래에서 위로 살짝 밀어 올리면 지금 앱 화면과 그 전까지 쓰던 서너 개 앱 화면들이 주르륵 늘어서고, 돌아가고 싶은 앱 화면을 터치하기만 하면 그 앱을 다시 구동할 수 있다. 앱에서 앱으로의 이동이 훨씬 매끄럽고 빨라져서 메신저를 하다가 트위터에 들어간 뒤 다시 네이버로 돌아가 보던 뉴스를 마저 보는 일련의 과정이 빙판 위를 미끄러지듯 막힘없이 이어진다.

하지만 휴대폰으로 다른 무언가를 하다가도 이 지나치게 '매끄러운' 사용자 경험 때문에 툭하면 트위터 앱으로 미끄러져 들어가 시간을 허비하는 게 문제다. 스마트폰의 커진 용량, 빨라진 CPU, 더 쉽고 원활하게 가동되는 인터페이스는 단시간에 여러 작업을 빠르게 실행하는 멀티태스킹이 가능하게끔 만들어 주지만 그만큼 '활동의 전환', 즉 '딴짓으로의 이탈' 역시 부드럽고 빠르고 쉽게 이뤄진다.

멀티태스킹. 그 단어를 들으면 컴퓨터 앞에 앉은 커다란 문어 한 마리가 다리 하나로는 기사를 쓰고, 다른 다리로는 비용 청구서를 작성하며, 다른 다리로 전화를 받고 있는 장면이 떠오른다. 높은 생산성을 요구하는 세상에서 우리는 한 번에 여러 가지 일을 해내야 한다고, 능히 그렇게 할 수 있다고 믿는다. 하지만 문어처럼 팔이 더 늘어난다고 한들 그게 가능할까? 뇌는 한 개뿐인데?

나와 비슷한 의문을 지녔던 저널리스트인 요한 하리는 집중력을 유지 못 하게 만드는 현대사회를 낱낱이 분석한 저서 《도둑맞은 집중력》에서 MIT 신경과학부 교수인 얼 밀러를 만난 경험을 들려준다. 밀러 교수는 멀티태스킹은 그저 미신 같은 것이라며, 인간은 뇌의 근본적인 구조 때문에 인지 능력이 매우 제한적이고, 그렇기 때문에 우리 뇌는 동시에 한두 개의 생각밖에 하지 못한다고 설명한다. 멀티태스킹은 동시에 여러 작업을 처리할 수 있는 기계인 컴퓨터를 발명한 과학자들이 만든 개념인데, 이걸 인간에게 적용했을 뿐이라는 것이다.

하리는 발끈하며 부인하려 한다. 열정적인 저널리스트로 바쁘게 살아온 그는 항상 자신이 여러 일을 한꺼번에 잘 수행해 왔다고 생각했으니까. 하지만 밀러 교수는 과학자들이 사람들에게 동시에 여러 가지 일을 처리하게 하고 관찰해 봤더니 그저 이 일, 저 일 전환을 하면서 '저글링'을 할 뿐이었다고 설명했다. 다만 뇌가 그 사실을 가려서 의식에서는 매끄러운 경험을 하게 되지만, 실제로는 여러 작업을 오가며 순간순간 뇌를 재설정하는 것에 불과하다고 말이다. 내 머릿속 멀티태스킹 이미지는 힌두교의 신처럼 근엄한 표정으로 여러 개의 팔을 뻗어 동시다발적으로 능숙하게 일을 해내는 모습인데, 실상은 찰리 채플린의 영화 한 장면처럼 이리 껑충 저리 껑충 뛰면서 이 작업 저 작업으로 옮겨 다니며 산만하게 움직였을 뿐이었다.

내가 기사를 쓰다가 트위터를 하는 바람에 희미하게 떠올린 아이디어를 놓쳐 버린 것처럼, 한 작업으로부터 주의를 돌리면 그것에 몰입했을 때 떠올린 생각과 느낌 등에 대한 기억이 휘발되곤 한다. 이것을 심리학 전문가들은 '작업 기억'이라는 개념으로 설명한다.

아미시 자 마이애미대학 심리학 교수는 자신의 책 《주의력 연습》에서 작업 기억을 "우리가 날마다, 깨어 있는 시간 내내 사용하는 역동적인 인지의 작업 공간"이라며 '화이트보드'에 비유했다. 문제는 이 보드에 우리 생각을 기록하는 잉크는 단 몇 초 만에 사라져 버린다는 점이다. 대신 우리가 이 화이트보드에 계속 주의를 기울이면 잉크 자국이 희미해지더라도 그 위에 다시 쓸 수 있다. 우리 머릿속 생각을 작업의 결과물로 완성해 내기 위해 그토록 많은 집중력이 필요한 것은 이 때문이다.

미네소타주립대 경영학과의 소피 리로이 교수는 '주의 잔류물'이라는 개념을 제시했는데, 뇌가 특정 작업에서 다른 작업으로 전환할 때는 일종의 '전환기'가 존재해서 주의력이 바로 다음 작업에 착수하지 못하고 방금까지 하던 일에 여전히 머물러 있게 된다. 일종의 머릿속 잔상이다. 누군가 작업 도중 딴짓을 하다 다시 '작업 기억' 화이트보드로 돌아온다 한들 잉크가 지워져 깨끗한 상태조차 아니라는 것이다. 그래서 실컷 트위터를 하다 다시 내가 쓰던 문서로 돌아와도 어쩐지 정신이 산란하고 집중이 안 됐던 것이다.

SNS 때문에 집중력을 잃는 것을 대수롭지 않게 여겼던 건 이 정도 멀티태스킹은 충분히 가능하다고 자신했기 때문이다. 우리 사회가 SNS의 중독성을 알면서도 이를 가벼이 여기는 것도 우리 인지능력이 그 정도 시시한 딴짓쯤은 충분히 감당 가능하다고 여기기 때문이다. 하지만 그건 우리 뇌에 대한 불가능한 기대다. 아예 과학자들은 멀티태스킹이란 말 대신 '작업 전환'이라는 표현을 쓰는데, 집중의 대상인 작업을 이것에서 저것으로 바꾸는 것에 불과하다는 의미다. 그 전환 과정에서 사실상 블록을 쌓았다가 무너뜨렸다가, 다시 쌓는 것과 다름없는 한심한 손실이 발생한다. 시간 낭비, 뇌에 들어가는 에너지 낭비다.

그래도 기사를 쓰고 책을 쓰는 작업은 하는 중간중간

한눈을 파는 바람에 시간이 몇 배로 들더라도 어떻게든 해낼 수 있었다. 하지만 작업을, 창작을 하기 위해 가장 기본이 되는 능력인 기억력이 SNS 때문에 감퇴하고 있다는 느낌이 들자 공포에 질렸다. 대화 도중 누군가의 이름이나 고유명사가 잘 생각이 나지 않아 허공에 손을 허우적대며 "그 누구냐" "그 뭐냐"를 외치는 일이 잦아졌다. 불과 3~4개월 전에 본 만화책 내용이 기억나지 않는다. 어제 본 특정 트윗에 대해 친구에게 설명하려고 했는데 세부 내용이 하나도 떠오르지 않았다. 그 트윗을 읽고 미친 듯이 화가 나던 감정은 또렷하게 떠오르는데 말이다.

이런 이야기를 하면 친구들은 "노화가 본격 시작된 중년의 당연한 증상"이라고 말할지도 모르겠다. 내 또래 주변인들도 툭하면 무언가의 이름을 잊어서 대화 중에 도움을 청하곤 하니까. 어쩌면 한때 알코올중독을 겪은 죄로 조기 치매를 겪고 있는 건지도 모른다. 하지만 나는 이게 SNS 사용과 관련이 있다는 생각을 떨칠 수가 없었다.

책을 읽을 때면 그 생각은 확신으로 바뀐다. 책을 읽다가 조금이라도 지루해지거나 이해가 안 되는 부분과 마주치면 내 주의력은 행간의 틈 사이로 빠져나가 옆에 놓인 휴대폰으로 향한다. 결국 트위터를 열고 한참을 보다가 아차 싶어서 다시 책을 펴고, 겨우 한두 장 읽다가 다시 휴대폰을 향해 손을 뻗치고. 이런 식으로 우왕좌왕 독서를 하다 보면 바로 한두 장 전에 읽었던 내용조차 머릿속에 남아 있질 않아서 다시 앞 장을 들춰 봐야 했다. 뇌 기능에 심각한 문제라도 생긴 게 아닌가 싶어 두려울 지경이었다.

새로운 정보가 입력되어도 이것이 '기억'으로 자리 잡지 못하고 줄줄 새 나가는 현상, 하루 종일 트위터 타임라인에서 흘러온 엄청난 양의 이야기와 정보와 감정이 홍수처럼 밀려드는 바람에 정작 기억해야 할 것들이 자리를 잡지 못하고 저만치 떠밀려 가는 느낌. 그렇다고 트위터에서 본 내용이 기억에 남는 것도 아니다. 어떤 트윗이 특정 사건에 대해 육하원칙에 맞게 충분한 정보를 담고 있었다 해도 나중에 내 머릿속에 남는 건 그 글을 올린 사람의 감정, 트윗에 담긴 뉘앙스뿐이었다. 스크롤을 내리며 읽어 들인 것들은 그저 잠시 망막 표면에 머물렀다 사라지는 것 같았다.

그리고 이것은 그저 '느낌적인 느낌'이 아니라 실제로 내 머릿속에 벌어지는 일련의 과정이라는 점을 심리학자들의 장기 기억 형성에 관한 설명을 읽으며 이해할 수 있었다. 스웨덴의 유명 정신과 전문의 안데르스 한센은 스마트폰 중독 시대를 살아가는 현대인들 뇌의 변화를 다룬 저서

《인스타 브레인》에서 장기 기억 형성, 전문 용어로 '강화'라고 하는 과정이 어떻게 작동하는지를 설명했다. 장기 기억을 형성하려면 뭔가에 집중하면서 우리 뇌에 "이게 중요해"라고 에너지를 쏟을 가치가 있다고 강조해야 한다. 전날 열쇠를 둔 곳을 기억하지 못하는 건 뇌가 이게 중요한 정보라는 신호를 받지 못했기 때문이라는 것이다.

> 다음 단계는 작업 기억에 정보를 담아 두는 것이다.
> 우선은 이렇게 해야 뇌는 강화를 통해 장기 기억으로
> 저장할 수 있다. 우리가 인스타그램, 문자, 트위터, 메일,
> 뉴스 속보 및 페이스북 사이를 오갈 때처럼 뇌에 끊임없이
> 뭔가를 쏟아부으면, 입력된 내용을 기억으로 변환하는데
> 방해를 받게 된다. 그리고 기억으로 변환되는 과정
> 자체에서도 다양한 방식으로 방해를 받을 수 있다.

—— 안데르스 한센,
《인스타 브레인》,
김아영 옮김,
동양북스, 2020

입력된 정보를 기억으로 저장하려면 '작업 기억' 화이트보드에 한동안 그 내용이 적혀 있어야 하는데 계속 SNS

를 하느라 화이트보드에 적힌 것들이 사라지도록 방치했으니 기억할 수 있을 리가 없다. 뇌 기능이 감퇴한 듯한 느낌은 느낌이 아니라 실제로 일어난 일이었다.

아미시 자 교수도 《주의력 연습》에서 '어떤 것을 기억하기 위해 필요한 세 가지 과정'을 설명했는데 한센 교수의 설명과 비슷하면서 다른 부분이 있다. 첫 번째는 '예행연습', 새로 만난 사람의 이름을 듣고 되풀이하며 외우는 식으로 반복해서 되새기는 것이다. 두 번째는 '정교화'로 새로운 경험이나 사실을 기존에 알고 있던 지식이나 기억과 연결해 본다. "문어의 심장은 세 개"라는 정보를 얻었다면 이 지식을 기존에 가진 문어 이미지와 연결해서 다음에 문어를 봤을 때 그 지식을 떠올리게 만드는 식이다. 세 번째로 '공고화'가 필요하다. 뇌에서 새로운 정보를 재생하면 신경의 새로운 경로가 만들어지는데 이것은 정보가 작업 기억에서 장기 기억으로 옮겨 가는 과정이다. 그런데 "공고화 과정이 잘되려면 자유롭고 즉흥적인 사고를 하는 시간이 있어야 한다"는 것이 자 교수의 주장이다. 하긴 새로운 정보를 습득했다 해도 그걸 혼자서 되새겨 볼 여유가 있어야 기억으로 굳게 남을 것이다.

만약 우리의 주의가 항상 뭔가에 관여하고 있다면 우리가

의식적이고 즉흥적인 생각이 떠오르는 것을 경험할
정신적 여유 시간은 0이 된다. 작업 기억과 장기 기억의
연결 고리는 손상되고 있을지도 모른다. 그럴 때 우리는
아주 중요한 공고화의 과정들을 무력화하고 있는 것이다.
—— 아미시 자,

《주의력 연습》,

안진이 옮김,

어크로스, 2022

　　내 주의가 항상 SNS에 관여하고 있다면 자유롭게 생
각할 여력이 없는 상태가 되고, 결국 기억 공고화의 과정
이 일어나지 못해 장기 기억 형성이 불가능해진다. 정교한
창작 작업을 해낼 정도의 주의력과 정보 습득을 위한 기
억력 모두를 감퇴하도록 만든 것은 하루 종일 SNS에 눈을
박고 살던 나 자신이었다. 트위터가 사람을 멍청하게 만들
고 있었다. 아니, 그걸 어렴풋이 눈치채고 있으면서도 계
속하던 내가 진짜 멍청이였다. 트위터의 심볼인 파랑새는
실은 검은 새일지도 모른다. 자주 깜빡하는 사람에게 "까
마귀 고기를 먹었냐"고 할 때의 그 까마귀 말이다.

이제 그만두려 해

잠에서 깨 간신히 뜬 눈에 처음 비친 것은 창밖에 드리워 진 엷은 푸른빛 하늘. 화창한 날이다. 5월의 아침 특유의 명랑한 오렌지빛 햇살이 창 너머로부터 비스듬히 쏟아져 들어와 침대 위에 너부러진 팔과 다리를 데워 준다. 나는 평화로운 만족감이 몸에 차오르는 것을 느끼며 조용히 생 각했다.

　'오늘은 SNS를 하지 않겠어.'

　그것은 평소처럼 나를 다그치며 윽박지르는 다짐도 아 니었고, 스스로를 한심하게 여기며 하는 잔소리도 아니었 다. 순리대로 그렇게 되리라는 강한 예감을 그저 명문화된 생각으로 떠올린 것뿐. '아름다운 5월의 날에 어울리는 삶의 방식대로 살리라', 차를 내릴 찻잎을 고르듯 고요하고 산뜻하게 결정했다.

전날에는 기분이 좋지 않았다. 저녁을 먹고 나서 가족들 사이 사소한 다툼이 생기는 바람에 세 사람 모두 언성을 높였다. 한차례 폭풍이 지나간 후 나는 분노와 짜증으로 가득 차 서재에 틀어박혀 꼼짝 않고 트위터만 들여다보고 있었다. 해야 할 일도 있었고, 읽어야 할 책도 있었지만, 의욕을 다 잃은 채 그저 분노와 절망감으로부터 눈을 돌리려 계속 타임라인을 들여다보고, 보고, 또 타임라인을 갱신해서 보고, 또 보고……. 정신을 차려 보니 세 시간이 지나 있었다.

시간 낭비 중이라는 인지는 분명히 있었다. 다만 멈출 수 없었을 뿐. 나는 뇌신경과학자들의 실험 쥐가 된 기분이었다. 그들은 쥐의 뇌 깊숙이 측좌핵 바로 옆에 전극을 심어서 쾌감 유발 장치를 만들고 장치 레버를 쥐의 발 옆에 내려 뒀다. 쥐는 12시간 동안 7,500번 레버를 눌렀다고 한다. 그게 나였다. 계속 트위터 타임라인을 끌어내리고 갱신하는 인간 실험 쥐.

이렇게 하루를 낭비한 날은 잠을 자려고 침대에 누워 눈을 감았을 때 머리맡으로 시커먼 물처럼 좌절과 절망의 감각이 밀려든다. 견고하게 다지고 크게 키워 가야 할 내 삶이 귀퉁이부터 부식해서 초라한 작은 조각으로 흩어지고 있었다. 다름 아닌 내가 망쳤다. 망쳤고, 망칠 것이다.

다음 날, 눈을 뜨자마자 트위터를 하지 않기로 결심했다. 오늘 하루만이라도 이 오전의 기분 좋은 감각을 망치고 싶지 않았다. 침대에 누워 트위터 타임라인부터 확인하던 기상 루틴을 단호하게 물리치고 부엌으로 나갔다. 커피 내릴 물을 끓이기 위해 전기 포트에 물을 받으며 무심코 부엌 창밖을 바라봤다. 아파트 앞 동의 우리 집과 같은 층 집 베란다가 보인다. 저 집은 이상하다. 사람이 사는 흔적이 느껴지긴 하는데 최근 몇 년 동안 밤에 불이 켜진 것을 한 번도 본 적이 없다. 늘 커튼과 블라인드로 거실 창을 꽁꽁 가려 놓은 채로 지내고, 해가 지면 빛 한 줄기 새어 나오지 않을 정도로 어두컴컴하다. 무슨 사정일까? 수상한 이웃집이라니, 이거 추리 소설에 곧잘 등장하는 설정 아닌가? 아, 이거 트위터에 쓰고 싶다.

의외로 트위터를 끊고 가장 먼저 갈급해진 것은 내 이야기를 쓰고 싶은 욕구였다. 화장실에 가끔 출몰하는 하얀색 벌레에 대해, 내가 요즘 자주 먹는 밀키트의 만족도에 대해, 카페에서 내 맞은편에 앉아 손톱을 깎는 경악스러운 60대 여성에 대해 주절주절 SNS에 쓰고 싶어서 미칠 것 같았다. 그저 시시한 신변잡기 이야기를 온라인에 쏟아내는 게 그렇게 큰 만족감을 주고 있었다니! 누가 내 트윗을 리트윗하고 하트를 찍어 주는 그런 소소한 관심이 실은 대수로운 것이었던가? 오죽 답답했으면 반년 넘게 손대지 않고 방치해 둔 블로그에 들어가 일기까지 쓸 지경이었다. 트위터가 남들 사생활과 생각을 훔쳐보는 관음증만 충족시키는 줄 알았는데 전시 욕구를 채우며 희열을 느끼는 노출증이 더 심한 줄은 몰랐다.

또 하나 의외였던 것은 트위터를 하면서 사회적 관계 욕구를 채우고 있다고 여겼기에 이걸 그만둘 경우 몹시 쓸쓸할 거로 생각했는데 막상 그렇지 않았다는 점이다. 사람들이 하루 종일 떠드는 타임라인에서 빠져나왔는데도 의외로 적적하거나, 외롭거나, 그 사람들이 궁금해서 미칠 것 같거나 하지는 않았다. 트위터에 올라오는 각종 흥미진진한 이야깃거리들로부터 소외된다면 엄청나게 무료해질 것이라고 생각했는데 아니었다. 없으면 없는 대로 살 수 있었다.

오히려 심적으로 훨씬 더 쾌적해졌달까. 원래는 타임라인을 잠시만 보지 못해도 초조했는데, 아예 '못 하는' 상황이 되어 버리니 그런 불안을 느낄 일도 없다. '하면 안

돼' '그만해' 이런 심적 갈등을 겪을 일도, 시간 낭비했다는 죄책감을 느낄 일도 없다. 트위터에 종일 쏟아지는 온갖 속 터지고 분노 폭발시키는 소식들을 보지 않으니 감정적 피로도 쌓이지 않는다. 무례한 멘션을 받을 일도, 내가 무심코 올린 트윗의 의미를 누군가가 비틀고 짜내어 욕먹을 여지를 포착하고, 이를 트집 잡아 조리돌릴 일도 없다. SNS는 내게 공기처럼 필수 불가결하다고 생각했는데 어쩌면 그저 소음에 불과했을지도 모르겠다는 생각이 들었다. 좋은 음악인 것 같지만 사실은 정신 사나운, 꺼 버리면 오히려 편한 소음 말이다.

트위터를 그만두며 생겨난 시간과 주의력의 공백은 다른 것으로 채우는 식으로 적응했다. 휴대폰을 쥐어도 달리 볼 것이 없으니 검색 포털 사이트에 뜨는 기사를 훨씬 더 많이 읽게 됐다. 마침 새로 산 이북 리더기도 있어서 그걸로 어슐러 르 귄의 소설을 실컷 읽었다. 가입만 해 놓고 얼마 보지도 않던 넷플릭스에 들어가 그간 궁금하던 영화들을 찾아보기 시작했다. 원래는 최신 인기 영화라 해도 트위터에 올라온 사람들의 감상평만 줄곧 읽다가 결국 '보지도 않은 채 본 것 같은 기분'이 되어 버려 그냥 넘어가 버리곤 했는데 말이다. 영화와 책을 보는 중간중간 트위터를 하느라 보던 장면을 놓치거나 독서를 중단하지 않으며 느낀 몰입의 감각은 실로 오랜만이었다.

그렇게 하루가 지나고 이틀, 사흘, 나흘이 지나는 가운데 트위터 없는 삶에 나는 너무도 잘 적응하는 듯했다. 시도해 보기 전에는 결코 알 수 없었지만, 실은 별 대수롭지 않은 변화였다. 삶은 훨씬 단순하지만 더 편했다. 이 느낌을 무엇에 비유할 수 있을까? 문득 아이를 낳고 나서 모유 수유를 하느라 한동안 맵거나 간이 센 음식은 피하는 등 먹을 것을 조심하며 지내던 시절이 생각났다. 그때도 해보기 전에는 걱정했지만 생각보다 매 끼니 식사에 꽤 만족하며 먹었다. 미원이나 고춧가루가 들어 있지 않고도 맛있는 음식은 충분하니까. 아무래도 SNS는 내 삶의 조미료였던 모양이다.

다만 시간이 지날수록 이상한 느낌은 있었다. 트위터 앱을 지운 직후 급격하게 줄었던 휴대폰 사용 시간이 날이 갈수록 조금씩 늘어나더니 닷새쯤 되어서는 전과 거의 달라지지 않은 것이다. 어떻게 된 거지? 불편한 진실을 확인하기 위해 앱 사용 시간을 찾아봤다. 놀랍게도 트위터 대신 인스타그램에 시간을 쏟고 있었다. 트위터는 아니니까 괜찮다며 눈 가리고 아웅 하는 짓을 한 거다. 결국 SNS 중독형 인간이 스마트폰에서 벗어나기란 어려운 것일까?

인스타그램 계정은 딱히 팔로우도, 팔로워도 많지 않고 올라오는 피드도 시시한 것들뿐인데 그조차도 무료한 것보다는 나았던 모양이다. 내가 팔로우한 계정들의 사진을 다 보더라도 알고리즘이 추천해 준 별의별 사진들이 계속 이어져서 계속 계속 스크롤을 내리게 된다. 치밀하게 설계된 알고리즘은 내가 눈여겨본 광고 속 가방이나 옷과 스타일이 비슷한 제품만을 쏙쏙 골라 계속 보여 주고, 나는 또 넋이 나간 채 멍하니 피드를 한없이 보며 시간을 보낸다.

하지만 무엇보다 치명적인 것은 바로 릴스다. 드라마나 영화, 뉴스, 유튜브 등등에서 빵 터질 만한 부분만 짧게 편집한 숏폼 동영상 콘텐츠가 스크롤만 내리면 무한히 이어진다. 나는 이걸 수십 분쯤은 순식간에 사라지게 만들어 주는 "인생 스킵 버튼"이라고 부른다. 심장이 조여 올 만큼 귀여운 아기 고양이, 아이돌들의 멋진 댄스 챌린지, 예능 프로그램에서 웃음이 터지는 딱 그 장면, 블랙박스에 녹화된 '분노 유발' 황당 사고. OTT나 유튜브만 해도 충분히 중독적인데 그런 영상들을 정제해서 고농축 엑기스로 만든 버전을 뇌가 어떻게 거부할 수 있겠는가.

"릴스 보고 있으면 도파민으로 뇌에다 자위하고 있다

는 느낌이 든다니까."

언젠가 내가 친구에게 한 말이다. 숏폼 콘텐츠의 강렬한 재미는 중독성이 강해 헤어 나오기도 힘들뿐더러, 이걸 보는 데 시간을 쓰는 것이 유익함이라고는 1도 없는 행위라는 걸 스스로 잘 알고 있기에 보는 도중에도 죄책감과 배덕감이 뒤섞여 뇌가 진창을 구르는 듯한 아주 더러운 기분이 느껴진다. 시간 낭비 그 자체보다 죄책감이 심리적으로 더 해로울 정도다.

내가 할 수 있는 거라고는 실수로라도 릴스를 눌러 그 개미지옥으로 입성하지 않게끔 조심하는 것뿐. 하지만 메타는 집요했다. 팔로우도, 팔로워도 많지 않은 나조차 충분히 오랜 시간을 머물도록 각종 덫을 놓아 보며 시험했다. 언젠가 변호사들이 자기 의뢰인 사연을 웹툰으로 그린 것을 몇 번 봤더니 나를 '막장 스토리 애호가' 카테고리로 분류했는지 네이트판 게시물 중 역대급 막장 글만 엄선해 올린 피드를 보여 주기 시작했다. 가족이나 친구, 직장 등 인간관계에서 발생한 온갖 어처구니없고, 복장 터지고, 열 뻗치는 사연들. 나는 그날 침대에 누운 채 눈이 벌게져서 새벽 2시까지 그것들을 읽다가 아주 불편한 마음으로 겨우 잠이 들었다.

왜 자꾸 이러는 걸까? 왜 나 자신을 통제하지 못할까? 이유는 이미 알고 있다. 트위터를 그만두기로 결정하긴 했지만 현실에서 도피하려는 내 성향은 전혀 달라지지 않았기에 결국 의존 대상만 바뀌었다. 인스타그램 앱을 지우면 페이스북을 할 거고, 그것마저 지우면 검색 포털 사이트에서 쇼핑 카테고리를 미친 듯이 스크롤 할지도 모른다.

그럼 어쩌지? 산속 오두막 같은 데라도 들어가 모든 온라인 접속을 끊기라도 해야 하나? SNS 앱을 몽땅 지우고 탈퇴해 버릴까? SNS라는 게 대체 나에게 얼마만큼 중요하기에? 이걸 그만둔다면 어떤 것들을 잃어버리게 될까?

이런 막막한 질문들에 대한 해답은 그로부터 며칠 후 아침, 휴대폰에서 울려 퍼진 시끄러운 굉음 덕분에 찾게 된다.

이유 있는 집착

'트위터 사용 금지'를 열흘 넘게 잘 지켜 나가던 어느 날 아침. 출장 때문에 평소보다 일찍 출근하는 남편이 현관문을 열고 나가는 소리 때문에 잠에서 깼다. 다시 밀려오는 잠기운에 반쯤 눈이 감기려던 그때, 휴대폰에서 굉음이 들렸다. 화들짝 놀라 화면을 확인해 보니 재난 안내 문자다. 또 미세먼지 경보인가? 나는 속으로 짜증을 내며 휴대폰 화면을 건성으로 들여다봤다.

"오늘 6시 32분 서울 지역에 경계경보 발령. 국민 여러분께서는 대피할 준비를 하시고 어린이 노약자가 우선 대피할 수 있도록 해 주시기 바랍니다."

앞뒤 설명 없이 그저 도망가라는 메시지. 머릿속에 떠

오르는 가능성은 한 가지밖에 없다. 일단 상황을 살피기 위해 네이버 앱을 열었다. 서버가 터졌는지 네트워크가 연결이 안 된다고 뜬다. 정말 뭔가 큰일이 벌어진 건가?

나는 침대에서 펄쩍 뛰어내려 창 커튼을 젖혔다. 흐린 하늘, 낮게 깔린 구름이 뒤덮은 틈새로 주홍빛 아침 햇살이 새어 내려오는 아래로 쭉 일렬로 늘어선 아파트 단지들과 인적 없는 거리. 바깥 풍경은 그저 평온하다. 우리나라 사람이라면 누구나 머릿속에서 수십 번 넘게 상상해 보는 장면, 전투기 편대가 상공을 가르고 날아들거나 미사일이 떨어져 지축을 뒤흔드는 소리가 울려 퍼진다던가 하는 일은 없다. 다만 어디선가 확성기에서 흘러나오는 듯한 안내 방송이 희미하게 들려왔다. "주민 여러분……" "대피……"

아이가 잠든 방으로 서둘러 갔다. 하지만 아이를 깨워야 할지 확신조차 들지 않는다. 누운 아이 곁에 앉아 트위터 앱을 열었다. 그곳에 사람들이 있었다. 나처럼 놀라고 당황한 채 상황을 이해하기 위해 애쓰며 웅성대는 사람들. 언론사의 짧은 속보성 트윗에는 북, 미사일, 위성, 발사 같은 단어들이 보인다. 그제야 며칠 전 북한이 정찰용 통신 위성을 쏘아 올리겠다고 알린 사실이 떠올랐다. 하지만 그게 대피 문자를 보낼 일인가?

곧 트위터의 사람들은 국내 속보에 더해 일본 언론의 보도, 최근 북한 동향 정보 등등을 취합하고 각자의 추론을 더해 전후 사정을 파악하기 시작했다. 아무래도 위성 발사가 맞는 것 같다는 결론이다. 언론사, 방송국이 진상 파악 후 보도하기도 전에 온라인에 모인 사람들이 집단 지성으로 답을 끌어내는 걸 보면서 생각했다. '그래, 이래서 내가 트위터를 못 끊지.'

누군가는 상황에 맞지도 않는 경계경보가 온 것에 대해 대북 관계에서 긴장감을 고조시켜 정치적 이득을 얻기 위해 정치인들이 개수작을 부리는 거라며 공분하고 있었다. 누군가는 재난 문자를 본 순간 챙겨서 나가려고 했던 물건의 목록을 쭉 나열했다. 여권, 신분증, 달러라니, 상상도 못 하던 것들이다. 누군가는 비상 상황이 온다면 화학 테러가 아닌 이상 지하로 대피하는 것이 맞는다고 했다. 전혀 몰랐던 사실이었다.

결국 한 시간은 족히 지나서야 언론을 통해 사실관계가 드러났다. 북한이 쏘아 올린 우주 발사체는 수도권을 지나가지도 않았는데 지자체가 오발령을 낸 것이다. 공무원들의 실수가 황당한 한편 그들 윗선에 무능하게 버티고 앉아 행정 체계가 엉망으로 돌아가는 걸 방치한 집권당의 정치인들이 떠올라 화가 치밀었다. 트위터에는 나처럼 정부와 지자체 실책을 따지는 분노에 가득 찬 트윗이 줄줄이 이어졌다.

한편 타임라인에는 이게 실제 상황이었다면 대체 어떻게 행동했어야 하는지에 대해 갑론을박이 오갔다. "국민재난안전포털에 들어가면 대피소를 검색할 수 있다." "아니다. 아까 들어가 보니 그 사이트도 먹통이 됐더라." "인터넷 연결 없이도 대피소 위치 확인이 가능한 안전디딤돌 앱을 깔면 된다." 포털 사이트도, 앱도 전부 처음 들어 보는 것들이었다.

황망한 눈으로 트위터에 올라온 정보들을 훑어 내려가다가 문득 아까 같은 위급한 상황에서도 내가 주변 이웃집의 문을 두드리고 의견을 구하거나 도움을 요청할 생각은 단 한 번도 하지 않았다는 사실을 떠올렸다. 바로 옆집에 사는 내 부모님 연배의 노부부는 앱과 포털의 존재를 알고 있을까? 그 집의 옆집에 사는 내 또래 부부는 경보가 울리던 순간 자신들의 두 아이와 무엇을 하고 있었을까?

이 건물 안 100여 세대의 사람들은 각자 집 안에 틀어박힌 채 쓸 만한 정보를 찾아 인터넷을 뒤지고 TV를 보며 겁에 질려 있었을 것이다. 마을 공동체도, 대가족의 울타리도 사라진 세상, 가구 단위로 독립적으로 생활하며 다른 가구와는 '불가근불가원(不可近不可遠, 가까이하기도 멀리하기도 어려운 관계)' 거리를 유지하는 것이 상식인 요즘, '의지할 타인'의 부재를 메우기 위해서 범람하는 온라인상의 정보에 의존하는 것은 대안 없는 불가피한 선택인지도 모른다.

하지만 피난을 감행할 상황이 됐을 때 아파트 지하 주차장에 불안한 얼굴로 함께 모이는 이들은 타임라인 속 친근한 닉네임과 프로필 사진이 아니라 지근거리에 살고 있는, 목례나 가끔 주고받던 내 이웃일 것이다. 쾌적한 삶의 필수 요소라고 생각해 온 '이웃과의 거리감'이 뒤집어 보면 '가까이 살며 의지할 타인의 부재'일 수 있다는 것을, 이런 상태가 삶의 위험으로 이어질 가능성을 처음으로 상상해 봤다. 단말마처럼 울린 경보 문자의 굉음이 내가 발 딛고 살던 평온한 일상을 깨트리고 내가 맺은 사회적 관계의 위태로운 일면을 슬쩍 드러낸 것만 같았다.

트위터에 쏟아지는 재난 상황과 관련된 각종 정보를 보면서 나는 위급 상황에 우리를 지킬 방책들을 이 사회가 대비해 놓고 있다는 사실에 안심하기보다는 그것들을 내가 까맣게 모르고 있었다는 사실에 더 불안해졌다. 현대 사회가 잉여 자원을 동원해 사회적 안전망을 조성해 놓았다 한들 그런 것이 존재하는지 인지하지 못하거나, 어떻게 접근해야 하는지 알지 못한다면 없는 것이나 마찬가지다. 크게는 절체절명의 상황에서 내 목숨을 부지하게 만들어 주고, 소소하게는 이런저런 자원을 추가로 획득하게 해 주는 정보의 존재를 기민하게 인지하고 찾아내는 게 현대인에게 중요한 능력이 됐다.

이 와중에 SNS는 비슷한 사람들끼리 서로의 지식과 노하우를 공유할 판을 깔아 줌으로써 범람하는 정보의 물길을 트거나 모아 각자에게 필요한 것들을 수집하기 용이한 도구로 기능한다. 나와 비슷한 사람들 부류를 빼곡히 수집해서 만든 내 계정의 타임라인에는 나 같은 뜨내기 작가가 받을 수 있는 지원책, 참가할 만한 워크숍 정보 같은 것들이 둥실둥실 떠내려오곤 한다. 누구는 SNS를 인생의 낭비라고 했다지만, 글쎄? 그건 소소한 정보에 아등바등하지 않아도 될 만큼 그가 충분히 부유하고 힘이 있는 사람이라 가능한 생각 아닐까.

혹시 내가 알지 못하고 지나치는 바람에 어떤 '기회'를 놓칠까 염려하며 느낀 두려움이야말로 나를 트위터에 붙잡아 둔 요인이었다. 돈을 벌 기회, 돈을 아낄 기회, 재미있는 것을 볼 기회, 어쩌면 좀 더 나은 내가 될 기회. 그것들을 다 합친다면 더 행복해질 기회로 완성될지도 모르니까. 포모증후군(Fear Of Missing Out, 자신만 뒤처지거나 소외되어 있는 것 같은 두려움을 가지는 증상)의 전형이다. 이 말은 요즘 대중의 어리석음, 탐욕스러움을 설명하기 위해 자주 쓰이던데, 사실 한없이 복잡해지고 눈 돌아가도록 빠르게 변하는 세상에서 아슬아슬한 계층 사다리를 붙잡고 버티는 와중에 '놓치기'를 두려워하지 않기란 불가능하다. 포모는 지금을 살아가는 이들의 당연한 생존 방식이다.

또 하나 나를 트위터에 붙잡아 두는 것은 근본적인 차원에서 세상을 '제대로' 이해하고 싶다는 욕구다. 경보가 울린 그 순간 절박하게 외친 질문, "무슨 일이 벌어지고 있는 거지?" 이 사회는 내가 잘 알지도 못하는 체계와 규율에 의해, 어디에 얼마만큼 분배되어 있는지도 모를 권력에 의해 돌아가고, 정치판에는 흑막과 배후, 공작이 난무하며 정치인들은 항상 저의를 숨기고 행동한다. 우리는 수천 개의 언론 기사가 쏟아지는 걸 보면서도 세상에 '진짜로' 무슨 일이 벌어지는지는 알지 못하거나, 한참 지난 후에나 깨닫게 된다.

현상을 해석할 능력이 부족한 내가 소위 '우매한 대중'에서 벗어나 정치적 주체로서 내 신념에 맞게 살기 위해서는, 나와 비슷한 신념을 가졌으면서 정치판 돌아가는 것을 오래 면밀히 관찰해 온 사람들이 어떻게 생각하는지 참고할 필요가 있었다. 그렇다. 거창하게 이야기하고 있지만 내가 소위 '정덕'이라 불리는 정치 고관여층 트위터 계정들을 왜 팔로우하는지를 설명하는 중이다. 스포츠 경기를 볼 때 중계와 해설을 빼놓을 수 없는 것과 비슷하달까.

사실 이건 일정 정도 언론의 역할 아닌가 싶지만 기자들은 숱하게 많은 기사를 써 대면서도 중립과 객관성 유지를 내세우며 애매한 힌트만 찔끔 흘릴 뿐이다. 실제로 SNS 접속을 끊었던 동안 신문 기사는 더 많이 들여다봤지만 현실 정치에서 벌어지는 일들은 어쩐지 안개에 싸인 듯 모호하게만 느껴졌다. 여당이 모 통신기업의 회장 인선을 왜 번번이 걸고넘어지는지, 선거관리위원회 직원들의 자녀 채용 비리를 집요하게 파고들면서 공격하는 것에 다른 정치적인 목적은 없는지. 매번 기사에는 가장 중요한 "왜?"에 대한 답이 빠져 있다.

곧 나의 '정덕' 트친들이 그리워졌다. 이게 누가 뒤에서 주도한 일이고 누구를 위한 밑 작업인지 설명해 주는 것은 물론 국회와 정당에 도는 소문들까지 물어다 줄 텐데. 그 신랄한 이야기에 다분히 '카더라'가 섞였다 한들 사이다처럼 속 시원할 텐데.

트위터를 하지 않는 기간 동안 거기서 친분을 쌓은 사

람들을 지켜볼 수 없었지만 딱히 외롭다고 느껴지진 않았다. 궁금하긴 했지만 딱 거기까지였다. 하지만 내가 지지하는 정당과 정치인에게는 적대적이고, 반대하는 정당에 온정적인 기사들과 그에 동조하는 댓글들을 보면서 '정치적인 외로움'을 뼈저리게 느꼈다. 기사의 양과 제목의 톤에서 느껴지는 양 정치 세력에 대한 언론의 온도 차이는 확연했고, 그 정파성에 반감이 일어나는 한편 나와 비슷하게 생각하고 느끼는 사람들이 그리워졌다.

최근에 읽은 몇 권의 책 저자들은 사람들의 정치 성향이 점점 더 극단적으로 치우치면서 진영 간에 분열하고 갈등이 격화된 원인을 SNS에서 찾았다. 온라인상에서 비슷한 정치 성향의 사람들끼리만 연결되고 뭉치며 이들이 반향실 안에 갇힌 채 확증 편향을 일으키면서, 과거 같으면 '개소리'로 치부될 만한 위험하고 폭력적인 정치적 주장들까지도 힘이 실리게 됐다고 준엄하게 꾸짖었다. 하지만 사람들이 맹목적으로 SNS에 의존하게 된 원인 중 하나를 '언론의 역할 부재'로 꼽을 수도 있다는 점을 이 '언론인 출신 저자'들은 깨닫지 못한 것만 같다. 언론 자체가 정치적으로 편향되면 반대 정치 성향의 사람들을 소외시키게되고, 가치판단이 명확하게 필요한 사안조차 언론이 중립과 객관성 유지를 내세우며 입을 다물면 사람들은 SNS에서 어떤 답과 실마리를 찾으려 한다는 것을, 그들은 정말 모르는 걸까, 외면하는 걸까.

트위터를 끊었다가 뜻밖의 경보 알람으로 인해 오랜만에 다시 접속한 날, 내가 왜 그렇게 여기에 집착하고 포기하지 못했는지 깨달았다. 단순히 내 흥미와 욕구를 채워줘서가 아니라 실질적으로도 절실히 필요한 측면이 존재하기에 이것을 내 삶에 강하게 결속해 온 것이다.

당장 내일 내 트위터 계정을 폭파한다면 5,600명의 내 팔로워들도 사라지고 온라인에서 쌓은 미미한 명성, 작은 영향력도 날아가 버릴 것이다. 수십만 팔로워를 거느린 '인플루언서'들과는 비견할 수 없는 수준이지만, 겨우 이만한 수의 팔로워조차도 내가 쓴 책이나 내가 운영하는 유튜브 채널을 알리는 데 도움이 됐다는 점은 의심할 여지가 없다. 트위터를 그만둔다면 개인용 무료 마케팅 플랫폼 하나가 사라져 버리는 것은 물론 이걸 통해 사람들이 내게 쌓아 온 관심과 신뢰, 호감의 효용을 누릴 수 없게 된다. 온라인 명성 자체의 본질이 신기루라고 한다면야 할 말이 없지만 SNS 계정의 팔로워 수가 일종의 자산처럼 여겨지는 요즘은 또 그리 간단하게 규정할 수 없는 문제다.

SNS가 얼마나 시간 낭비이고 사회 혼란을 조장하는지를 설파하며 결국 우리를 중독시키는 기업 상술이라고 일침을 놓기는 쉽다. 하지만 필요의 충족을 포기하고 편리한 수단을 마다하며 살아가야 하느냐고 물어봐도 쉽게 답할 수 있을까? 현생 인류에게 왜 지금은 사족 보행을 하지 않느냐고, 그편이 더 몸에 이롭다고 주장하는 것과 비슷하게 들릴 뿐이다.

자, 그럼 질문은 다시 원점으로 돌아온다.

'트위터, 계속 할 거야 말 거야?'

연결되면 휩쓸리고 끊어지면 겁에 질리는 내가 SNS를 계속하는 게 나을까, 영영 그만두는 편이 나을까? 이 필요와 욕구가 뒤섞인 대상을 다시 시작하게 되면 나는 또 통제력을 잃을 것이 뻔한데 그걸 감수하고서라도 필요를 채워야 하나? 나처럼 쾌감을 예고하는 유혹에 약해서 통제를 곧잘 상실하는 도파민 중독형 인간은, 시간을 광고와 엿 바꿔 먹기 위해 소셜 미디어의 중독성을 극한으로 끌어올린 테크 기업들에게 가장 좋은 먹잇감이다. SNS를 다시 시작한다면 또 오랜 시간을 허비할 것 같고, 그렇다고 그만둔다면 너무 많은 것을 놓치게 될 것 같다.

이런 것들을 고민하는 사이 나의 트위터 사용 패턴은

갈팡질팡했다. 한 열흘가량 접속을 안 하다가 하루 이틀 다시 들어와서 타임라인을 기웃거리고, 그러다 또 열흘씩 안 들어가다가 또 어느 날 갑자기 접속해서 떠들어 대고……. 그러던 어느 날, 며칠 만에 트위터에 들어오니 다들 야단법석을 떨고 있었다. 다른 사람들이 쓴 트윗이 보이지 않는다는 것이다. 타임라인을 갱신해도 무한 로딩 대기 중 상태에 머무를 뿐이라고 사람들은 하소연하고 있었다. 곧 트위터의 소유주인 일론 머스크가 트윗을 올려 상황을 설명했다.

"이제부터 한 계정이 볼 수 있는 트윗의 수를 제한한다. 파란 딱지 계정(유료 계정)은 하루 6,000개, 일반 계정은 600개, 신규 사용자는 300개."

독재자의 엄혹한 '트윗 배급제' 명령이 떨어졌다. 머스크가 트위터를 사들이고 나서 툭하면 타임라인 로딩이 안 되고, 비공개 계정이 풀리는 등 각종 오류가 끊이지 않아 사용자들이 "망조가 들었다"며, "어디 다른 SNS로 옮겨 가야 하냐"며 푸념하던 차에 마치 우리 등을 떠밀기라도 하는 듯, 신선한 억압 방침을 들고나온 것이다. 대체 왜 이런 조치를 취했는지, 이게 얼마나 어리석은 자충수인지는 둘

째 치고, 수도를 틀면 나오는 물이나 스위치를 켜면 공급되는 전기처럼 공공재마냥 자유로이 사용하던 것이 지구상 단 한 사람의 결정으로 공급이 잠겨 버리는 상황이 발생할 수 있다는 현실이 새삼 충격적이었다.

이 와중에 사람들은 트위터를 대체할 만한 텍스트 기반 SNS들로 갈아타기 시작했다. 트위터와 거의 유사한 블루스카이에 신규 가입자가 폭증했고, 머스크의 배급제 실시 나흘 뒤 페이스북 모회사 메타가 출시한 스레드는 불과 5일 반 만에 1억 명 가입자를 달성했다. 반면 트위터 트래픽은 급감했다. 15년 가까이 애용해 온 나의 트위터가 쇠락의 내리막길을 향해 빠르게 치닫고 있었다. 나우누리나 프리챌 같은, 한때 매일 접속하며 시간을 보내던 서비스들이 어느 시기를 분기점으로 돌연 존재감이 사그라들면서 결국 종료되고 만 것처럼, 트위터도 같은 종말을 맞이할 것이라는 예감은 현실적인 전망이 되어 가는 듯했다. 일단 사람들이 떠나기 시작하면 나를 트위터에 붙어 있게 만든 매력과 장점들은 사라지고 결국 내게도 더는 이 서비스가 필요하지 않게 될 것이다.

문득, 내 의지와 관계없이 언제든 변질되고 사라질 수 있는 것에 너무 많은 가치를 두며 의존하고 있었다는 생각에 이 모든 것이 부질없게 느껴졌다. 어차피 순식간에

망해서 사라질 수도 있는 건데 자발적으로 떠나기를 이렇게 망설일 필요가 있을까.

여기 버티고 있는다 한들 트위터의 앞날은 나와 그리 결이 맞지 않을 것이다. 트위터를 인수하기 전부터 서비스의 운영 정책에 대한 불만을 자주 드러낸 머스크가 자기 입맛에 맞게 크고 작은 변화를 일으킬 것은 정해진 수순이었다. 그는 개발자들을 시켜 이런저런 기능들을 섣불리 변경해 봤다가 반응이 나쁘면 도로 되돌리곤 했다. 방향도 일관성도 없었다. 도널드 트럼프 전 미국 대통령이 각종 혐오 발언을 쏟아 낸 끝에 트위터 계정에 정지 조치를 당하자 가장 소리 높여 반대한 사람이 바로 머스크였다. 그가 발언의 자유를 수호한다며 규제를 대폭 완화해서 혐오와 비하 발언은 물론 폭력적이며 유해한 콘텐츠까지 타임라인에 넘쳐나게 될 거라고 사람들은 예상했다.

그러던 어느 날, 트위터에 접속했을 때 평소 같으면 타임라인을 로딩하기 전 파랑새 모양의 로고가 커다랗게 떠야 할 화면에 그 대신 까만색 알파벳 X자가 나오는 것을 봤다. 머스크가 트위터의 이름과 로고를 X로 변경하겠다고 선언한 지 불과 하루 만이었다. 외신에서는 그가 트위터를 쇼핑과 금융, 각종 서비스 예약 기능이 가능한 '슈퍼 앱'으로 바꾸려 한다고 보도했다. 의도가 뭐든 간에 그 알파벳 X자는 내게 생활의 일부였던 이 서비스가 더는 전과 같지 않을 것이며, 원하든 말든 그들이 의도하는 형태로 변모시킬 것을 예고하는 이미지일 뿐이었다. 악당에게 패배해 노예로 종속되어 X자 낙인이라도 찍힌 것 같은 모욕감에 이제는 정말 이것을 내 삶과 분리해야 할 때라는 감이 왔다.

계정을 완전히 없애 버릴 각오는 세우지 못했고, 다만 하염없이 여기에 시간을 쏟는 것을 막기 위해 한 가지 원칙을 세웠다. "집에서는 트위터 금지" 애주가들이 음주량을 줄이려고 '집에서 혼술 금지'를 맹세하는 것과 비슷하달까. 애인에서 친구로 돌아가는 것처럼 어정쩡한 조치 같지만 SNS에서 내가 가진 한 줌 영향력은 보존하면서 인생을 헐어서 갖다 바치지는 않도록 나름 머리를 굴려 만든 절충안이다.

가끔 그런 생각을 떠올린다. 기후변화를 실존하는 위기로 온 인류가 받아들이고 화석에너지를 최대한 재생에너지로 전환하려 애쓰는 움직임이 다행스러운 한편 놀랍다고. 전 지구적으로 눈앞의 이익만을 좇지 않고 장기적으로 득이 되는 쪽을 선택해 당장의 손해를 감수하기로 한 것은 인류 최초의 사례가 아닐까. 마찬가지로 언젠가 사람들이 SNS가 인류에 끼치는 해악을 직시하고, 득보다 실이 더 크다는 공감대가 형성되기 시작한다면 모두 숨 쉬듯 SNS를 사용하는 것을 멈추고 보이콧에 나설지도 모른다.

혹은 해악을 최소화할 수 있는 새로운 형태의 '무공해 SNS'가 출현할 수도 있겠다. 소셜 미디어가 전 지구적으로 불러일으키는 뜨거운 분노에 관한 《소셜온난화》라는 책을 쓴 언론인 찰스 아서는 책의 결말 부분에서 소셜 미디어의 네트워크 크기를 제한할 필요성을 주장했다. 그는 "페이스북은 분명 너무 비대해져서 자사 사이트의 규모와 자유방임적 태도가 야기한 문제들을 처리하지 못한다"며 "자동차 수를 절반으로 줄인다면 지구온난화 효과도 절반으로 줄어든다. 하지만 소셜 네트워크의 규모를 절반으로 줄인다면 상호 교류 가능성의 규모는 극적으로 줄어든다"고 썼다. 최대 사용자를 2억 5천만 명 정도로 제한을 두면 사이트에 올라오는 콘텐츠를 통제할 수 있으면서도 광고 판매까지 가능하다는 게 그의 의견이다.

다만 그러기 위해서는 자신의 사업적 욕심보다 인류 평화를 더 중시하는 선구자적인 창업자가 실리콘밸리라는 광야에 나타나 "작은 것이 선하다"는 복음을 전파해야 할 것이다. 가짜 뉴스나 혐오 발언이 덜 퍼질 수 있는 '선한

SNS', 중독성이 없어 내 두뇌가 퇴화할 정도로 계속 들여
다보지 않게 되는 '건강한 SNS'가 세상에 나타난다면, 그
럴 수 있다면!

에필로그

결국 나는 책 한 권 분량의 여정을 거치면서도 애증 섞인 길티 플레저들을 삶에서 완전히 끊어 내지 못했다. 다이어 트를 향한 집착도, 배달 음식을 탐닉하는 습관도, SNS 계정 을 과감히 삭제하지 못한 우유부단함도 여전히 그대로다.

오히려 나는 그것들이 나를 끌어당기는 힘이 거의 불 가항력적임을 인정해야 했다. 자본주의가 구축한 소비문 화 가운데 경제적 이윤을 추구하는 주체들은 우리에게 계 속 유혹거리를 던질 것이고, 현대인의 자아 개념은 개인의 필요를 무한히 확대하기에 우리는 무언가를 획득해야만 행복해진다는 절대적 명제를 품고 살아간다. 어떻게 집착 을 떨칠 수 있겠는가.

한 가지 유혹을 이겨 낸다 해도 곧 다른 유혹이 나타날 것이기에, 결국은 우리 본능인 욕망 그 자체를 조절해야 한다. 인간이 숨 쉬며 살아가는 것처럼, 욕망에 저항하며 살아가는 것도 숙명이다. 그것은 지속적으로 몰려드는 파 도 같아서 불가해한 인생의 바다를 떠돌며 계속해서 만나게 된다. 큰 것이 올지 작은 것이 올지 알 수도 없는 채로 말이다. 바다를 떠날 수 없는 이상, 파도를 타는 방법을 궁리해야 할 뿐이다. 적절한 파도를 올라타서 즐기고, 너무 큰 파도는 몸을 사리고…… 그 요령을 알아 두는 수밖에.

이 책은 각종 길티 플레저에 왜 그렇게 속수무책으로 빠져드는지 욕망의 작동 구조를 해체해 들여다보는 작업이었다. 나약한 개인이 뿌리치기에 쾌감의 대상이 너무 강력해졌고, 사회·문화적인 압력과 인간 본능에서 비롯된 심리적 끌림으로 인해 유혹에 저항하기가 거의 불가능하다는 것이다. 그렇다고 계속 집착과 탐닉으로 도피하는 나를 면피하게 해 주려는 것은 아니다. 다만 나 자신을 구제 불능으로 여기고 방치해 버리면 결국 찰나의 유희로 도피할 뿐임을, 그런 자포자기야말로 쾌락을 참는 고통보다 더한 괴로움임을 직접 체험해 본 사람으로서 말하고 싶다. 대다수 중독자는 쾌락주의자가 아니라 자학을 거듭하는 사람들이다. 오늘 망했어도 내일은 다시 나아가기 위해 자기혐오를 멈추고 자신을 연민하고 용서해야 한다. 부족한 힘으로나마 스스로를 일으켜 세워 앞길을 헤쳐 나갈 사람은 결국 나 자신뿐이니까. 마지막 마침표에 다가가는 지금, 나는 적어도 첫 문장을 시작하던 때보다는 나를 더 아끼고 사랑하고 있다.

다이어트, 배달 음식, 트위터
―내 삶을 지배하는 길티 플레저

2024년 1월 31일 처음 찍음

지은이 박미소
펴낸곳 도서출판 낮은산
펴낸이 정광호
편집 강설애
제작 세걸음
출판 등록 2000년 7월 19일 제10-2015호
주소 04048 서울시 마포구 어울마당로5길 16 반석빌딩 3층
전화 02-335-7365(편집), 02-335-7362(영업) | 팩스 02-335-7380
홈페이지 www.littlemt.com | 이메일 littlemt2001ch@gmail.com
트위터 @littlemt2001hr
제판·인쇄·제본 상지사 P&B